Jem Calder
Belohnungssystem

Jem Calder

Belohnungssystem

Aus dem Englischen
von Jan Schönherr

claassen

Wir verpflichten uns zu Nachhaltigkeit
- Klimaneutrales Produkt
- Papiere aus nachhaltiger
  Waldwirtschaft und anderen
  kontrollierten Quellen
- ullstein.de/nachhaltigkeit

Die Originalausgabe erschien 2022
unter dem Titel *Reward System*
bei Faber & Faber, London, UK.

MIX
Papier | Fördert
gute Waldnutzung
FSC® C014496

claassen ist ein Verlag
der Ullstein Buchverlage GmbH
www.ullstein.de

ISBN 978-3-546-10031-1

Gesetzt aus der Stempel Garamond
Satz: GGP Media GmbH, Pößneck
Druck und Bindearbeiten: GGP Media GmbH, Pößneck

Für meine Eltern

EIN RESTAURANT
IRGENDWO ANDERS

Rate mal

Zu Beginn eines Dezembers, siebenundfünfzig Ernten vor dem von der Welternährungsorganisation prognostizierten Anbruch der Ära völliger, weltweiter Bodenunfruchtbarkeit, bekam Julia die Stelle im Cascine.

Sie rief den Menschen an, der ihr im Leben am nächsten stand, ihre Mutter nämlich, um ihr die Neuigkeit mündlich mitzuteilen.

»Nicht zu fassen.«

»Ich weiß.«

»Du wirst –«

»Ich weiß.«

»Was für ein *Aufstieg*.«

»Ich weiß.«

»Was für ein *Fortschritt*.« Ihre Mutter lachte, lachte immer weiter. »Stell dir nur vor.«

Das Lo-Fi-Lachen ihrer Mutter gebot auch Julia zu lachen. Ihre beiden Lachen hatten denselben Tonfall und verschiedene Tonlagen. Julia hob die smartphonefreie Hand an den Kopf. »Ich stell's mir vor.«

Ende November

Während ihrer drei unbezahlten Probeschichten war Julia, was Orientierung und Abläufe betraf, von Lena beaufsichtigt worden, der stellvertretenden Küchenchefin, deren Stelle Erstere übernehmen sollte, sofern sie Letzterer erfolgreich ihre Brauchbarkeit unter Beweis gestellt hatte.

»Vorsicht mit den Ellbogen.« »Immer gegen die Maserung schneiden.« »Sumach gehört in den Vorratsraum, nicht aufs Sideboard.« »Bring nächstes Mal deine eigene Messertasche mit.«

Von den vielen fertigen und noch unfertigen Gedanken, die Julia über Lena hegte, drehten sich die meisten entweder darum, ihre Gemeinsamkeiten und Gegensätze zu vergleichen, oder solche Vergleiche bewusst zu vermeiden. Lena hatte ungefähr Julias Idealgewicht und trug das Haar auf die Art kurz, bei der weniger selbstbewusste Frauen überlegen, sich selbst die Haare kurz zu schneiden. Sie war höchstens fünf Jahre älter als Julia, doch das Ausmaß ihrer kulinarischen Fertigkeiten ließ eine jahrzehntebreite Erfahrungskluft zwischen ihnen erahnen. Wenn Julia nach einer ihrer Probeschichten das Cascine verließ, fühlte sie sich jedes Mal auf neue Weise unzulänglich und war sicher, es wäre die letzte gewesen.

Nach Julias tatsächlich letzter Probeschicht traten Lena und sie zusammen aus dem Restaurant in eine unaufdringlich warme, schimmernde Regenfront und ließen Ellery, den Chefkoch, allein das Restaurant zusperren.

Draußen, im Gehen, verkündete Lena, sie werde Ellery empfehlen, Julia als Souschefin einzustellen. Julia dankte ihr vielmals, sagte, oh, mein Gott, oh, mein Gott, sie könne es nicht fassen, fragte Lena, was sie jetzt vorhabe, wo sie jetzt hinwolle, und reagierte – obwohl ihre Fragen kurzfristiger gemeint waren – ermutigend, als Lena sagte: »Was Gutes, in Berlin, ich kenne da jemanden.« Lena führte einen präzisen Handgriff an ihrem Smartphone aus und ergänzte dann in einem Tonfall, der ihre Worte so klingen ließ, als sollten sie eigentlich etwas anderes ausdrücken: »Ja, ich glaube, ich war einfach zu lang hier.«

Falls Julia ihr Haar jemals so kurz wie das von Lena schneiden sollte, würde sie es sofort danach wieder lang wollen, das wusste sie. Ihr war klar, dass sie letztlich nur eine Veränderung wollte.

Weil sie ein netter Mensch war, wartete Julia im kälter werdenden Regen mit Lena am Straßenrand – lang genug, dass Ellery sie einholte und ihnen von seinem Klapprad aus Gute Nacht zurief, wobei die Räder im Vorbeigleiten das Wasser auf dem regenglatten Radweg aufspritzen ließen. Kurz darauf nahm Lena ihren Platz unter den Uber-Fahrgästen der Stadt ein, und Julia sah sie nie wieder.

Während ihrer ersten Tage im Cascine ahmte Julia das wenige nach, das ihr von Lenas Rolle dort bekannt war: Sie imitierte Lenas lässige Vertrautheit mit den Chefs de Cuisine; spielte, soweit sie sich daran erinnerte, ihre Beherrschung der Utensilien nach.

In diesen ersten Schichten spürte Julia – oder fühlte sich, als spürte sie –, wie der Rest der hauptsächlich männlichen Belegschaft insgeheim Kompetenz- und Attraktivitätspunkte zu den flackernden Eindrücken von ihr vergab und diese zu Meinungen über ihr Äußeres und ihren Charakter zusammenrechnete, die sie, einmal gebildet, kaum noch würde ändern können.

In dem Restaurant, in dem sie zuvor gearbeitet hatte – der neuesten Filiale einer Kette, exekutiv co-gemanagt von einem Promikoch, der innerhalb der Branche für die toxische Atmosphäre seiner Küchen bekannt war und außerhalb davon für seine wortgewaltigen Online-Litaneien pro Redefreiheit und seine daraus entstandene neokonservative New-Media-Fanbase –, hatte Julia sich den Ruf eines leichten Opfers erworben; den einer übereifrigen Hilfsköchin, der man mühelos Aufgaben aufhalsen konnte, die gelegentlich unter, meistens aber weit über ihrer Gehaltsklasse lagen.

Schon lange – seit Monaten – hatte sie darauf gewartet, in einem neuen Job die nächste Version ihrer selbst zu werden. Jetzt, wo sie hier war, musste sie aufpassen, nicht in »Alte Julia«-Verhaltensweisen zurückzufallen:

ihr eigentliches Wesen einer Heulsuse, Jasagerin und Sorgenkrämerin nicht zu zeigen; nichts zu tun oder zu sagen, was die Person, die sie zu sein vorgab, niemals sagen oder tun würde. Ihr Selbstbild nicht von der Wahrnehmung der anderen verbiegen zu lassen. Nicht an denselben Stellen verwundbar zu sein wie früher.

Die Wohnung

Nach ihrer ersten richtigen Woche ohne Probeschichten wurde Julia zu Hause mit einem luftigen »Oh, hey« von Margot empfangen – ihre Vermieterin und Mitbewohnerin sowie die beste Freundin ihrer großen Schwester –, die in ihrer rituellen Abendpose auf dem Sofa im Wohnzimmer lag, ihre Aufmerksamkeit gesplitscreen zwischen den diversen Feeds ihres Handys und einer Folge Premium-TV auf dem Laptop.

Das Wohnzimmer war stimmungsbeleuchtet in Margots Lieblingsdimmereinstellung, exakt dreißig Grad von der Mitte, im Uhrzeigersinn, markiert mit einem Filzstiftpunkt auf dem weißen Wandschalter.

»Wie geht's?«, erwiderte Julia.

Margot streckte sich gequält zum Laptop und drückte auf Pause. »Alles gut. Bloß müde. Wie ist –, wie läuft's bei dir?«

»Auch gut. Auch müde. Aber *gut* müde. Vom neuen Job.«

»Ah, ja. Und, wie ist –?«

»Gut so weit. *Sehr* gut so weit.«

Normalerweise ging Julia, wenn sie abends heimkam und im Flur den verräterischen, Margot-meldenden Lichtstreifen unter der Wohnzimmertür sah, direkt ins Bett. Margot und sie hatten noch keinen natürlichen, unverkrampften Kommunikationsmodus gefunden; wahrscheinlich war ihr Verhältnis nachhaltig vom monatlichen Dauerauftrag für die Miete kontaminiert.

»Besser als der letzte Laden?«

»Gott, ja, hunderttausendmal besser«, sagte Julia, zunehmend erschöpft davon, Gesprächspartnerin zu spielen.

»Klingt gut. Irgendwann muss ich mal vorbeikommen und das Essen probieren.«

»Musst du.«

»Werde ich.«

»Cool. Okay, dann gute Nacht.«

Margot wandte sich wieder ihren Geräten zu. »Gute Nacht.«

Winterkarte

Abgesehen davon, sich bei gewissen Insiderwitzen und Anspielungen, die auf die Zeit vor ihrer Einstellung zurückgingen, manchmal etwas außen vor zu fühlen, fügte Julia sich schnell in die Mikrokultur des Restaurants ein. Die Insider kamen meistens von Ellery und Nathan, dem ranghöchsten respektive zweithöchsten Koch des Cascine, die Julia beide nett fand und die auch sie zu mögen schienen.

Die Arbeit in der Küche war wie folgt organisiert: Ellery und Nathan betreuten die Heißküche, während Julia mit ein, zwei Leuten aus der ständig wechselnden Brigade von Jungköchen zwischen Kaltküche und Mise en Place hin und her sprang. Ab und zu half sie auch an der Plancha oder beim Sautieren aus, dann stand sie wieder am Pass, gab fertige Bestellungen raus oder triagierte die neu eingegangenen. (Das Anrichten der rausgehenden Teller mikromanagte Ellery stets selbst, er war stolz darauf, diese Verantwortung niemals zu delegieren.)

Wenn Ellery sie direkt ansprach oder ihr Hinweise gab, hörte sie entschlossen und aktiv zu, nickte und sagte Dinge wie »Okay, Chef« oder »Verstanden, Chef«, was vermutlich übertrieben war; sie sollte sich in seiner Gegenwart unbedingt ein wenig lockerer machen. (Ihr Gesicht lief jedes Mal rot an, wenn seine Besitzerin lobend erwähnt wurde – Ellery, der sie mit zugekniffenem Auge über eine Gabel hinweg ansah, »Perfekte Textur, Julia«, nachdem er ihren ersten Versuch eines Giouvetsi-Lammeintopfs gekostet hatte.) Meistens versuchte sie einfach, fleißig zu arbeiten und sonst nicht weiter aufzufallen. Lediglich als ein zuverlässiges Paar Hände gesehen zu werden.

Regeln

Ellery hatte eine Menge Regeln, die er gern ironisch und larghetto vortrug, so, als ob er eine Liste rezitierte, die Julia längst auswendig kennen müsste, zu seinem Verdruss aber vergessen hätte: keine Handys in der Küche; kein Friseurbesuch vor der Schicht; keine ungebügelten T-Shirts; nur schwarze Arbeits-Clogs aus Plastik; jeder bleibt an seiner Station (oder alternativ: »Jeder Pfosten auf seinem Posten«), keine Handys in der Küche; wer hinter jemandem vorbeimuss, macht sich bemerkbar; Hygiene, Hygiene, Hygiene, und natürlich: keine Handys in der Küche!

So nervig diese Regeln auch diktiert wurden, gaben sie doch wenigstens hin und wieder Anlass zu kurzen Gesprächen während der Arbeit (Julia, die noch nie ihr Handy in der Küche benutzt hatte, hegte sogar den Verdacht, dass Ellery seinen Regelvortrag gezielt einsetzte, um das zähe Schweigen zu brechen, das sich in den Spitzenzeiten manchmal breitmachte); Nathan reagierte darauf für gewöhnlich, indem er Beispiele für Ellerys eigene Verstöße gegen seine Regeln anführte, worauf Ellery seinerseits reagierte, indem er mit der Hand wedelte, als wichste er einen dicken, unsichtbaren Schwanz – eine eingespielte Nummer, die Julia zwar etwas gezwungen, aber doch zuverlässig zum Lachen brachte und von der sie immer mehr den Eindruck hatte, dass die beiden sie nur deshalb aufführten.

Dienstplan

Weil sie noch so neu war, hatte Julia Hemmungen, ihren Jahresurlaub zu beantragen. Das war ein Problem, denn ihre Mutter hatte sie schon kurz nach ihrer Einstellung via FaceTime gebeten, sich bitte, bitte zwei Wochen freizunehmen, um über Weihnachten nach Hause zu kommen, was Julia, die wusste, wie einsam ihre Mutter manchmal sein konnte, auch sofort fest versprochen hatte, obwohl ihr dabei völlig klar gewesen war, dass sie das Versprechen nicht halten würde.

Klassischerweise war Julias Umgang mit persönlichen Konflikten davon geprägt, klare, konkrete Entscheidungen endlos aufzuschieben und sich stattdessen lieber vom Schicksal zu scheinbar natürlichen, vorbestimmten Ergebnissen autopilotieren zu lassen, um bloß keine unvorhersehbaren negativen Konsequenzen eigenen Eingreifens zu riskieren.

Doch aus blanken und geballten Schuldgefühlen darüber, ihrer Mutter falsche Hoffnungen gemacht zu haben, fragte sie Ellery anderthalb Wochen vor Weihnachten schließlich doch noch, ob sie spontan ein bisschen Urlaub nehmen dürfe, worauf dieser erwiderte, er würde das sonst eigentlich ganz ehrlich nie tun, sehe das im Grunde ja echt locker, könne ihr aber, weil zum Jahreswechsel immer so viel los sei, nur die paar Tage zusagen, die ihr bereits automatisch vom Google-Sheets-Dienstplan eingeräumt worden waren.

»Ist das okay?«, formulierte er zur Frage um, was eben noch eine Reihe klarer Feststellungen gewesen war. Und Julia erwiderte, ihre Scham internalisierend: »Ja, klar, kein Ding. Alles cool.«

Stephanie

An einem Spätnachmittag versuchte Julia, sich in der gemeinsamen Mittagspause mit Stephanie, der Ober-kellnerin im Cascine, über ihr Leben und das, was darin so passierte, zu unterhalten. Stephanie investierte wenig bis gar nichts in das Gespräch, stellte ungleich weniger Gegenfragen, gab sich auf eine Art cool und unnahbar, die Julia den Part des überbemühten Oversharing auf-zwang. Der ganze Austausch fühlte sich – für beide – immer mehr wie ein Test an.

»Und arbeitest du schon lange hier?«

»Seit meiner Promotion. Ungefähr acht Monate.«

»Wow. Und hast du hier studiert, oder …?«

»M-hm.«

»Wie cool«, sagte Julia und spürte, wie sich die Worte »Wie cool« im Vakuum des folgenden Schweigens all-mählich aufblähten. »Ich auch, Geographie.«

»Okay.«

»Aber im Master, nicht als Promotion. Humangeo-graphie. Vier Jahre lang. In meiner Abschlussarbeit ging es darum, wie Boden mit der Zeit –«

»Und jetzt bist du Köchin.«

»Genau. Das ist tatsächlich eine lustige Geschichte –«

»Glaub ich dir.«

Nachdem sie – meistens gegen zehn – die letzten Gerichte rausgeschickt hatte, setzte Julia sich immer auf einen der hohen Drehhocker an der halbkreisförmigen Bar und diktierte dem Großhändler die Bestellung für den nächsten Tag auf die Mailbox.

Üblicherweise schenkte Stephanie – oder wer sonst gerade Bardienst hatte – ihr zum Feierabend ein Gläschen Hauswein ein oder mixte ihr einen Cocktail mit einer der billigeren Spirituosen, eine gastliche Geste, die allen Mitarbeitern der letzten Schicht zuteilwurde. Julia, die generell nicht viel vertrug und deren Schlafqualität bereits von einem halben Bier beeinträchtigt wurde, wollte nach der Arbeit zwar nie trinken, sich aber noch viel weniger aus einem gemeinsamen Ritual ausklinken und nahm deshalb immer dankend an.

Sie glaubte, niemand hätte je bemerkt, dass sie an diesen Abenden nur so tat, als tränke sie (ihr Glas nur an den Mund führte, ohne einen Schluck zu nehmen), bis Stephanie diese Masche mehrere Abende in Folge beobachtet hatte und sie schließlich zur Rede stellte.

»Du, wenn du eh wieder nur so tust, gib deinen Drink doch einfach Nathan.«

»Was?«, fragte Julia, den Blick nach unten gerichtet, ihr üblicher Verteidigungsreflex, um Nichtverstehen vorzutäuschen.

»Was ›was‹?«, blaffte Stephanie und deutete auf Julias Gin Tonic. »Wenn dir meine Drinks nicht taugen, gib sie halt jemand anders.«

Lebkuchen

»Na, was gibt's Neues?«

»Ach, nichts Besonderes. Das Haus ist leer, aber bald bist du ja da! Zwei ganze Wochen!«

»Ach so. Dazu muss ich dir noch was sagen, Ma.«

»Oh. Was denn, Liebling?«, fragte ihre Mutter und legte ihre Enttäuschung in alle Vokale.

Hinterher widmete Julia sich wieder der Aufgabe, mit der sie vor dem Anruf ihrer Mutter beschäftigt gewesen war. Sie drückte die Form in den Plätzchenteig und stach den Umriss eines Mannes aus.

Tage

Was ihr am Arbeiten das Liebste war, das war zugleich ihre größte Stärke: ihren Konzentrationsstrom so zielgerichtet fließen lassen, dass sonst nichts in ihren Aufmerksamkeitsbereich eindrang; maximales Monotasken bis zur völligen Versenkung in die anstehende Aufgabe – oder anstehenden Aufgaben. So vergingen Stunden wie Minuten, in denen sie wie losgelöst von jeglicher Zeiterfahrung war; schneller kochte, als sie denken konnte, mechanisch aus dem Bauch handelte, ohne zu zögern. Sie fokussierte sich dann zum Beispiel darauf,

die Molke von einem Messbecher geklärter Butter ab-
zuschöpfen oder ein Bein iberischen Schinkens in perfekte, hauchdünne Scheiben zu zerteilen.

Nicht wirklich, aber: Manchmal stellte sie sich das Restaurant als Maschine vor, in die sie sich einstöpselte und
in der die ungeformte Masse ihres Alltags zu Einheiten
von konsistenter Gestalt und Textur verarbeitet wurde.

Nicht wirklich, aber: Manchmal dankte sie buchstäblich dem wahrhaftigen Gott, dass sie rechtzeitig aus ihrem alten Job ausgestiegen war.

Perspektive

Weil er ein paarmal ihre Blicke bemerkt hatte, fühlte
Nathan sich verpflichtet, Julia sein Unterarmtattoo zu
erklären. Es handelte sich um einen transparenten, geo-
metrischen Fineline-Würfel, die Kanten so gestochen,
dass sie zwei verschiedene Deutungen seiner Position
im Raum zuließen, je nachdem, welche der Würfelseiten
man als vordere ansah; eine optische Täuschung, ließ er
sie fachmännisch wissen, die »Perspektive« darstellte.

Die Clementine

Julia, Ellery und Nathan sperrten gemeinsam ab.

Julia versorgte den Recycling- und den Restmüll und
blieb danach draußen stehen, um Luft zu schnappen.
Sie öffnete und schloss die Hände, unbehandschuht in
der Winternacht, einfach nur, um sie zu spüren. Seit

einer Weile machte die Kälte sie auf winterdepressive Weise traurig. Als sie genug von der Luft hatte, ging sie wieder rein.

Ellery lehnte neben der Tür und schälte unter Einsatz beider Daumennägel eine Clementine, Nathan stellte im Büro gerade die Alarmanlage an.

Als Julia an Ellery vorbeiging, hob der die Clementine hoch, sodass sie Julias Blickfeld stärker ausfüllte. »Willst du?«, fragte er.

»Gern«, sagte sie.

Er riss die Frucht entzwei und reichte ihr die größere der beiden Halbkugeln.

Größe L

»Danke, Ma«, sagte Julia. »Das gefällt mir sehr.« Sie betrachtete das Geschenk und dann sich selbst, fragte sich, ob das, was ihr gerade auf der Zunge lag, ihrer Mutter die festliche Stimmung vermiesen würde. »Vielleicht hab ich in letzter Zeit ja doch ein bisschen Winterspeck angesetzt.«

Ihre Mutter pflichtete ihr, ohne zu zögern, bei. »Du bist ganz schön in die Breite gegangen.«

Julia ließ ihre Hände und das Kleid mit Peter-Pan-Kragen auf das teure Glassinepapier sinken, dem sie das Geschenk entnommen hatte. »Sehr nett, Ma.«

Ihre Mutter verzog das Gesicht zur Armesünder-miene. »Lass uns an Weihnachten nicht streiten. War nicht böse gemeint.«

Schwierigkeit

Owen – ein Juniorkoch, den Julia schon zweimal an verschiedenen Tagen hatte rügen müssen, weil er trotz ausdrücklicher Anweisung die älteren Vorräte im Kühlschrank nicht nach vorn geräumt hatte – tat sich schwer, die weiße Mehlschwitze, die Basis und Bindemittel für die Béchamelsoße am Abend werden sollte, nicht anbrennen zu lassen.

»Schau zu«, mahnte Julia, indem sie Owens Platz hinter dem Herd ein- und seine Utensilien übernahm, »ich zeig's dir nur noch ein Mal.«

Mit dem Drehknopf schaltete sie die Hitze runter, damit das Fett nicht in der gusseisernen Pfanne mit Owens Mehlschwitzeversuch anbrannte; »Du musst sie in Bewegung halten, sonst karamellisiert sie dir«, erklärte sie und demonstrierte gleichzeitig die beste Technik, um ein stabiles Drehmoment mit dem Schneebesen herzustellen; »es ist ein bisschen knifflig, aber du musst immer schön den Ellbogen ruhig halten«, der ganze Schwung kam aus der Drehachse des Handgelenks; schön gleichmäßig im Uhrzeigersinn, »so, schau«, immer abwechselnd größere und wieder kleinere Kreise; Mehlklümpchen lösten sich auf und verschmolzen mit der vanillesoßenhaft cremigen Flüssigkeit.

Sie regelte die Hitze noch ein Stück weiter runter, legte den Schneebesen am Pfannenrand ab und drehte die Hand in der Luft, als würde sie noch immer rühren. »Siehst du?«

»Ja.«

Ehe sie sich wieder ihren eigenen Pflichten zuwandte, wartete sie noch einen Augenblick neben Owen, ließ ihm eine extralange Gelegenheit, sich bei ihr zu bedanken, doch er ergriff sie nicht.

Heute kam mir wirklich kurz vor

Owen hatte einen Hang zu floskelhaften Bemerkungen über die gefühlte Länge des Tages sowie zu langatmigen Zusammenfassungen von Internetfakten, die Julia innerlich zwar unerträglich fand, äußerlich aber pflichtbewusst mit ebenso seichten Phrasen à la »Oh, stimmt, echt krass« quittierte, damit er sich nicht ignoriert vorkam. Das Endergebnis ihrer Bemühungen war, dass sie ihn deutlich weniger mochte als alle anderen Kollegen.

Morgen

Ihre Routine bestand darin, bei fahlem rosa Morgengrauen aufzustehen, sich einen Flat White und eine Zimtschnecke mit Puderzucker in dem Third-Wave-Coffeeshop unweit ihrer Wohnung zu holen, wo die Baristas, mit denen sie ab und zu beruhigend förmliche Phrasen über das Wetter austauschte, sich zwar an ihre übliche Bestellung, aber nie an ihren Namen erinnerten, und dann draußen von Asphalt auf Parkweg zu switchen, die schöne Strecke durch die Grünanlage gegenüber vom Cascine zu nehmen, vielleicht kurz stehen zu bleiben, um das

Zerstreuen und Versammeln einer luftigen Helix vorbeiziehender Stare zu beobachten oder den fliegenden Winkel von Kanadagänsen, bevor sie den Park wieder verließ, an einem privaten Kindergarten vorbei, dessen Pforte wochentags schon um diese Uhrzeit von der ersten Schicht schlagstockbewehrter Wachen flankiert wurde, und dabei kontinuierlich und systematisch die gekauften Lebensmittel zu konsumieren, eins in jeder Hand, so nebenbei sie nur konnte, in einem sorgfältig abgestimmten, vermutlich unschön anzusehenden Beiß-Schluck-Beiß-Schluck-Rhythmus, den sie entwickelt hatte, um stets so viel wie möglich beider unterschiedlicher Geschmäcker gleichzeitig im Mund zu haben, weil sie überzeugt war, dass jedes der zwei Nahrungsmittel am besten mit dem jeweils anderen zusammen schmeckte – der milchige Kaffee intensivierte die Süße der Zimtschnecke; jeder Bissen der blättrigen Gebäckkruste schrie förmlich nach der Feuchtigkeit des Kaffees –, und so, Beiß-Schluck, verfuhr sie immer weiter, bis beide Speisen aufgebraucht waren und sie, wohlgesättigt, mit einer biologisch komplett abbaubaren, zimtschneckenklebrigen Serviette in der einen und einem leeren, nur halb kompostierbaren Kaffeebecher in der anderen Hand dastand.

Julia raucht nicht

Nathan ging nach draußen, eine rauchen, und fragte Julia, ob sie auch wolle, winkte ihr mit einer olivgrünen Zigarettenschachtel ohne Logo zu.

Julia ließ sich das Angebot kurz durch den Kopf gehen, malte sich aus, wie es wäre, mit dem Rauchen anzufangen: Pausen machen, Feuer borgen, sich selbst eine Sucht verordnen, nur um sie befriedigen zu können – und vielleicht später weitere Glücksdividenden zu erzielen, wenn sie wieder aufhörte. Mit dünnem Lächeln sagte sie: »Nein danke.«

Ellery sagt

Ellery sagt, der Geschmackssinn sei der langsamste Sinn von allen. Meistens hat man längst alles runtergeschluckt, bevor man einen Eindruck des Geschmacks erhascht, und gleich darauf ist es schon wieder so, als hätte man nie etwas auf der Zunge gehabt.

Überlebendensyndrom

Während der Flaute vor dem Abendansturm sprachen sie über einen Freund von Ellery, der genau vor einem Jahr gestorben war. Mit dreiunddreißig.

»Wie ist er denn gestorben? Wenn einer so jung stirbt, muss ich das immer wissen.« Julia schämte sich für ihren schwärmerischen Tonfall. »Tut mir leid.«

»Schon okay. Er hat sich erhängt.«

»Das tut mir leid.«

»Mit einem Bungeeseil. Im Haus seiner Eltern.«

»Tut mir leid.«

Eines Tages würde Ellery ihr ein starkes, aber nurschwer-genau-benennbares Gefühl beschreiben, das ihn manchmal befiel – ein Gefühl, das ihn aus der Vergangenheit verfolgte und ihn hin und wieder, wenn er zu lange stillstand oder an den falschen Schwall Erinnerungen dachte, in der Gegenwart einholte. »Gefunden hat ihn sein Dad, glaube ich. Er hatte ein übles Drogenproblem, also … Wahrscheinlich ist er einfach zu dem Schluss gekommen, dass sein Leben nicht mehr besser werden würde – oder vielleicht besser, aber nicht mehr gut. So ist das mit Opiaten. Na ja …«

Julia hört mit, wie Ellery Stephanie von seinem Gehirn erzählt

»Wenn du wie ich praktisch ein Jahrzehnt lang süchtig warst – wenn du über einen so langen Zeitraum so viele Drogen nimmst –, dann baut sich dein Gehirn buchstäblich um, damit es mit den zusätzlichen Reizen und dem Dopaminüberschuss klarkommt, mit dem du es zuballerst. Das heißt, wenn man Entzugserscheinungen hat, dreht das Hirn nicht einfach hohl, sondern es gibt darin ganz körperlich mehr Hohl, in dem es drehen kann. Weil es quasi so viele zusätzliche Rezeptoren für das Belohnungssystem oder so gebaut hat, um die Menge an Befriedigungen verarbeiten zu können. Und irgendwann müssen die Extrarezeptoren, die dir den ganzen Spaß verschafft haben, dann eben absterben. Und wenn das passiert … na ja, dann würde man am liebsten selber sterben.«

Ellery atmet

Arbeitete man unmittelbar neben Ellery, wurde sein Nasenatmen zum Problem. Dieses hundepfeifenhohe, gleichmäßige Ein und Aus; laut genug, dass man es angesichts der begrenzten Quadratmeterzahl der Küche überall hörte, egal, an welcher Station man gerade stand; eine Dissonanz, die sich unversöhnlich mit allen übrigen Geräuschen rieb.

Manchmal ertappte Julia sich stundentief dabei, wie sie sich die Anatomie von Ellerys Naseninnerem ausmalte; wie sie gedanklich geradezu besessen Form und Größe seiner Scheidewand und seiner Nebenhöhlen kartographierte – die von zehn plus x Jahren intranasalem Drogenmissbrauch sicher ganz zerfressenen Atemwege.

Dann wieder machte sie sich ein Spiel daraus, den Takt ihrer eigenen Nasenatmung seiner so exakt wie möglich anzupassen, oder sie vergrub sich dermaßen in ihre Genervtheit, dass sie schon fast wieder eine Art perverser Befriedigung daraus zog.

Die Tiefe – und somit Lautstärke – seiner Atemzüge, das fiel Julia auf, steigerte sich proportional zur Dauer der Beschäftigung mit einer Aufgabe. Mit der Zeit lernte sie, mit dieser Störung umzugehen.

Die Prominente

Eines Abends kam eine wiedererkennbar berühmte TV-Moderatorin/Modedesignerin/Model/Autorin ins Cascine. Laut Stephanie trug sie eine sandsteinfarbene Mütze von derselben Kleidungsmarke wie Ellerys liebste Winterjacke und wurde an Tisch drei platziert, in Begleitung eines unberühmten, aber überdurchschnittlich attraktiven Manns.

Ellery, Nathan und Owen warfen ausführliche Blicke auf die Prominente, bestätigten einer nach dem anderen die Richtigkeit von Stephanies Aufklärungsarbeit und genossen das Kontakthigh, das die Nähe eines solchen Stars auslöste. Nathan staunte, wie krass vertraut ihm ihr Gesicht war, sagte etwas in der Art von er sei ihrem Anblick schon so lang und über so viele Medien hinweg ausgesetzt gewesen, dass es ihm beinahe wie ein Déjà-vu erschien, sie jetzt live vor sich zu sehen. Owen stimmte verschämt zu, während er sich insgeheim erinnerte, wie er vor Jahren mal – aus purer Experimentierfreude – auf Fotos ihrer Füße masturbiert hatte.

Julia, die am Pass stand und deshalb den besten Blick auf den Speisesaal hatte, war stolz darauf, die Prominente gar nicht anzuschauen, und doppelt stolz darauf, nicht mal darüber zu sprechen, dass sie die Prominente gar nicht anschaute.

Zwar hätte sie das niemals irgendwem verraten – und jetzt erst recht nicht –, aber sie hatte immer eine besondere Verbindung zu der Prominenten gespürt, ja sogar jahrelang die Überzeugung gehegt, dass sie sich auf tiefe und intime Weise glichen, dass ihre Persönlichkeiten durch eine fundamentale Wesensgleichheit verknüpft waren.

Als der Hauptgang der Prominenten servierfertig war – ein vor Hitze zischendes Schweinefleisch-Sisig im Pinoy-Stil, getoppt mit einem rohen Ei –, gab Julia sich extragroße Mühe beim Anrichten. Flink rieb sie die Zeigefingerspitze wie ein Teststäbchen über ihre Wangeninnenseite und ergänzte das Gericht der Prominenten um ein paar Spuren ihrer Speichel-DNA.

Während der folgenden Stunde spürte Julia, wie die Präsenz der Prominenten die blassen, verschwommenen Ränder ihrer Gedanken und ihres Blickfelds heimsuchte.

Spät am Abend dann, sie konnte nicht mehr anders, erklärte sie sich selbst, krampfhaftes Ignorieren der Prominenten sei doch eigentlich genauso unhöflich wie Glotzen. Also glotzte sie.

Ellerys Name

Julia erinnerte sich gut daran, wie sie vor knapp zwei Monaten zum ersten Mal Ellerys Namen gehört hatte (»Reimt sich auf Sellerie«), wie fremd er geklungen hatte, ehe er durch wiederholten Gebrauch zu etwas Vertrautem geworden war, das jeden anderen Gedanken überdeckte, der zuvor seinen Platz in ihrem Kopf besetzt hatte, zu einem Wort, an das sie manchmal einfach so ganz plötzlich denken musste.

Ellerys Körper

Ellery maß etwa eins neunzig; groß genug, um sich, wie er ab und zu klagte, ein bisschen bücken zu müssen, um die Edelstahlflächen der Küche zu benutzen; breit genug, dass sein Umfang merklich den verfügbaren Platz in den meisten von ihm betretenen Räumen reduzierte; stolzer Besitzer strammer Schultern, eines cornflakesfarbenen Bürstenschnitts, der in eine sorgfältig gepflegte Gesichtsbehaarung derselben Farbe überging, sowie des Allzweckselbstbewusstseins eines Manns, der es gewohnt war, von allen gemocht zu werden.

In Sachen Alter, Aussehen und Charakter war Ellery gar nicht der Typ Mann, auf den Julia sonst stand – ja, vielleicht sogar eher der Typ Mann, dem sie sonst bewusst aus dem Weg gehen würde –, doch die verringerte Stichprobengröße anderer Männer in ihrem Leben (dank der zahllosen Abende und Wochenenden in der Küche) hatte eine Art Selektionsfehler bewirkt, der Ellerys Gegenwart mit andernfalls womöglich ungerechtfertigter statistischer Signifikanz gewichtete. Obwohl sie Ellery nicht unbedingt sehr attraktiv fand, konnte Julia sich durchaus *vorstellen*, ihn attraktiv zu finden, wenn sie sich zugleich sich selbst als einen etwas älteren und selbstbewussteren Typ Frau vorstellte – wie Lena –, was sie hin und wieder auch tatsächlich tat.

Als hätte zu häufiges Beobachten fremden Begehrens ihr eigenes neu verkabelt, konnte Julia knapp drei Wochen nach dem ersten Aufkeimen dieses Gedankens kaum noch an etwas anderes denken als an die Frage, ob Ellery wohl manchmal daran dachte, mit ihr zu vögeln. Schließlich gab es in der erzwungenen Intimität des extrem beengten, extrem temperierten Raums, in dem sie ihre körperlich extrem fordernden Jobs ausübten, nicht viel, woran man sonst hätte denken können; ob er wollte oder nicht, irgendwann musste die Idee ihm schon einmal gekommen sein.

Erst an einem Abend Ende Februar – sie sah Ellery gerade zu, wie er ein Nackensteak in geröstetem Farro bettete, und stellte sich dabei seine Hände auf ihrer Haut vor – wurde ihr mitten im Fantasieren das volle Ausmaß der ungeplanten Verknalltheit bewusst, die sie ihm gegenüber entwickelt hatte.

Ellerys leichte Hand

Bei der Eröffnung vor fünf Jahren war das Cascine sofort für seine konzise Karte kleiner Speisen gelobt worden, für die Anpassung an den natürlichen Kreislauf saisonalen Anbaus sowie für den Verzicht auf eine klare Festlegung auf irgendein gängiges kulinarisches Genre, woraus sich schließlich ein ganz eigenes Genre ergeben hatte.

Julia fand online nur eine einzige Kritik, die Ellery namentlich erwähnte. An diversen Abenden vor und nach ihrer Einstellung hatte sie deren erste, kostenlos verfügbare Absätze gelesen, bis zu der Stelle, wo mitten im Satz die Paywall aufragte.

Am häufigsten aber musste sie an den kryptischen Teasertext ganz oben auf der Website denken, der in halbfetter Schrift erklärte: »Das Cascine verströmt ungezwungene Leichtigkeit, geprägt von der leichten Hand seines Chefkochs.«

Ellerys Tochter

Eines Nachmittags Anfang Februar kam Ellery mit dem Smartphone in die Küche, die Tasten klackten künstlich auf dem Touchscreen.

»Ich verstoße gegen meine eigene Regel, ich weiß«, sagte er, ohne vom Handy aufzublicken, »ist aber nur langweilige Familienlogistik, das ist erlaubt.« Das Gerät klingelte, und er nuschelte unverständlich, benutzte dabei aber eindeutig die Worte »meine Tochter«.

Julia, die sich keinesfalls zu tief in die manchmal in der Küche stattfindenden Privatgespräche verstricken lassen wollte, konnte nicht fassen, dass offenbar keiner der anderen mehr über Ellerys nie zuvor erwähnte Tochter erfahren wollte.

Drei Schichten später, als der letzte Tisch durch war, fragte sie in penibelst beiläufigem Tonfall, der die 72 Stunden überspielen sollte, in denen die Frage in ihr gegärt hatte: »Ich habe mich bestimmt nur verhört, aber sagtest du neulich, du hättest eine Tochter?«

Ellery blickte von dem Mise-en-Place-Plan auf, den er gerade handschriftlich für den nächsten Vormittag vorbereitete. »Was soll ich gesagt haben?«

»Ich meinte, dass ich mich bestimmt nur verhört hätte« – sie wünschte, sie hätte die Frage für den zweiten Anlauf kürzer gefasst –, »aber sagtest du neulich, du hättest eine Tochter?«

»Ah, ja«, antwortete Ellery in sachlichem, wenig aufschlussreichem Ton. Er zückte sein veraltetes Smartphone, schaltete das Display an und zeigte auf das Foto einer Spätteenagerin auf seinem Sperrbildschirm – ein Sprung im Glas verzerrte einen guten Quadratzentimeter Pixel und zersplitterte Hals und Oberkörper des Mädchens in bläuliche Fraktale. »Das ist sie.«

Julias Selbstbewusstsein

Eine Nebenwirkung davon, Ellery neuerdings anziehend zu finden, war Julias gesteigerte Gehemmtheit in seiner Nähe. Beim Arbeiten an seiner Seite fiel es ihr schwer, sich zu konzentrieren – sie sorgte sich um die Größe ihrer Nase im Profil und, schlimmer noch, wenn er hinter ihr stand, um die mutmaßliche Rückansicht ihrer breiten Schultern.

Eines Abends, als Nathan dieselbe Slapsticknummer mit den Mülltüten wie nach beinahe jeder Spätschicht aufführte, wurde Julia, die Ellerys Blick spürte und so tat, als spüre sie ihn nicht, peinlich bewusst, dass sie sich gar nicht mehr an den Klang ihres normalen Lachens erinnern konnte, weswegen sie stattdessen ein erschreckend lautes, theatralisches Lachen von sich gab.

Hinterher, beschämt und nicht gewillt, ihr Gesicht wieder in seinen unansehnlichen Standardausdruck abgleiten zu lassen, verzog sie ihre Miene zu einem wissenden Halbgrinsen, von dem sie hoffte, dass Männer im Allgemeinen und Ellery im Besonderen es reizend fänden. Dieses Grinsen hielt sie aufrecht, solange sie sich ihres Gesichts bewusst blieb.

Die Enthaltsame

Das ganze letzte Jahr eigentlich ziemlich enthaltsam. Mit lediglich einer Wand zwischen ihr und Margot sowie lediglich einem weltweiten Mobilfunknetz zwischen Margot und ihrer großen Schwester (ganz zu schweigen von Margots wiederholten, wenn auch verklausulierten, passiv-aggressiven Beschwerden über Julias Lärm, wenn diese spät von der Arbeit heimkam) war Julia seit ihrem Einzug viel zu geräusch- und raumbewusst gewesen, um irgendwelche Männer mit nach Hause zu nehmen.

Abgesehen von einem enttäuschenden Abend etwa letzten März, als Margot bei ihrer Familie gewesen war und Julia einen doch recht netten, ausgesprochen zugewandten Typen aus einer Bar abgeschleppt hatte. Im Wohnzimmer, in dem sie damals schlief, hatten sie lange versucht, Sex zu haben, doch er kriegte ihn nicht rein, und nach mehreren gescheiterten, ausgesprochen hän-

33

dischen Versuchen, in sie einzudringen, meinte er, er würde dann ganz gerne gehen. Julia bat ihn dringlich zu bleiben, aber der Typ beharrte in einem noch ernsteren Tonfall darauf, er wolle wirklich lieber gehen.

Als Julia ihm ein paar Tage später eine lustige Bemerkung in Bezug auf einen von ihm an jenem Abend gemachten Witz schrieb, erhielt sie keine Antwort. Noch Monate später murmelte sie, wenn sie an diese Begegnung dachte, in ihre vorgehaltene Hand: »Ogottogottogott.«

Nathan sagt

Nathan sagt, der Energiegehalt sämtlicher Lebensmittel könne durch verschiedene Prozesse photosynthetischer Umwandlung hindurch auf eine ursprüngliche Verwertung der schieren thermophotonischen Kraft der Sonne zurückgeführt werden; jedes Kilojoule kalorischer Energie sei im Grunde bloß modifizierte Solarkraft. Die Sonne lässt die Pflanzen sprießen, Tiere konsumieren die Glukose der Pflanzen, Menschen konsumieren die Tiere oder die Pflanzen selbst und immer so weiter.

Julia meinte, das klänge zwar plausibel, sie sei sich aber dennoch nicht ganz sicher: »Ich weiß ja nicht, ob du das nicht doch etwas vereinfachst, Nath.«

Ellery schüttelte unbeobachtet den Kopf und schwieg.

Der Knopf

Einige von ihnen standen unter dem Plexiglasdach eines Raucherbereichs, das seinerseits unter einsetzendem Regen lag. Nathan erklärte gerade, weshalb er aus Prinzip nie den Knopf an Fußgängerampeln drückte.

Er warf den Knöpfen vor, sie seien nur Placebos, typisch für unser kollektives Hirngespinst des Individualismus, und stünden in keinerlei kausaler Beziehung zur Dauer der mit ihrer Hilfe angeblich beschleunigten Ampelphasen und somit auch nicht zu den von diesen Ampeln kontrollierten Verkehrsflüssen – augenfällig werde das vor allem, wenn man kointegrierte Netzwerkfaktoren wie beispielsweise ÖPNV-Fahrpläne berücksichtige oder auch nur kurz mal die logistischen Implikationen eines eng verzahnten Straßensystems bedenke, dessen Schaltkreis all den unterschiedlichen, gleichzeitig eingehenden Durchlassforderungen sämtlicher Ventile für Fußgänger- und Kraftfahrzeugströme in der ganzen Stadt entsprechen müsse. »Das geht doch vorn und hinten nicht auf!«, rief er.

Julia hatte sich während Nathans Vortrag totgelacht und es außerdem irgendwann geschafft, ihren rechten Handrücken vorsichtig in Kontakt mit Ellerys linkem gleiten zu lassen. Nicht wirklich, aber: Danach strahlte die kleine Fläche ihrer Haut, die seine berührt hatte, noch lange eine anhaltende Wärme ab.

Tiefenrein

Sonntags wurde zwischen Mittags- und Abendservice tiefengereinigt. Zwei Stunden lang jede Oberfläche schrubben und dabei husten von den ätzenden Gerüchen all der Industriebleichen, Spraydosen und 10-Liter-Kanister konzentrierter Reinigungsmittel aus dem Lagerraum.

Hinterher trat Julia vor die Tür, um tief die kühle, schlechte Stadtluft einzuatmen, verschmutzt von Mikroplastik, Bleipartikeln, Stickstoff und Schwefeldioxid; der graue Frühabendhimmel über ihr glänzte – wenigstens scheinbar – wie ein endloser, keimfreier, epoxidharzener Küchenboden.

Die Schlüsselträgerin

Nach zwei Monaten im Cascine wurde Julia in den Club der Schlüsselträger aufgenommen, was bedeutete, man vertraute ihr genug, um sie das Restaurant allein auf- und zusperren zu lassen. Ellery, Nathan und sie hatten als Einzige aus der Küche einen Schlüssel, was, so hoben sie hervor, »einer großen und heiligen Ehre« gleichkam.

Mitten auf dem Heimweg nach dem ersten Zusperren kamen Julia auf einmal Zweifel, ob sie die Haupttür richtig abgeschlossen hatte. Im Gehen schwang sie den Schlüsselbund um den Finger, war sich eigentlich doch wirklich ziemlich sicher, aber wenn sie dann versuchte, sich konkret ans Abschließen zu erinnern: Fehlanzeige.

Stunden später lag sie wach im Bett, immer noch unsicher. Rückwärts dachte sie sich durch den Tag, doch die Erinnerung ans Abschließen war nicht zu greifen.

Die Nacht wurde tiefer und ihr Zweifel schlimmer. Hatte sie wirklich etwas derart Wichtiges vergessen? Sonst machte sie nie so einen Fehler, aber das hieß nicht, dass sie es diesmal nicht doch getan hatte.

Sie hatte die Schlüssel definitiv in der einen Hand gehabt und mit der anderen die Tür hinter sich zugezogen – aber hatte sie auch definitiv abgeschlossen? Je angestrengter sie versuchte, sich an die Einzelheiten zu erinnern, desto mehr verschwammen sie.

Sie versuchte es mit Schlaf, obwohl das Restaurant vielleicht gerade ausgeraubt wurde. Sie drehte sich von einer Seite auf die andere, obgleich sie wusste, dass die Versicherung nach einem Raub nichts zahlen würde, wenn die Tür nicht abgeschlossen war. Falls heute Nacht etwas passierte, wäre sie allein schuld. Sie checkte ihr Handy: keine acht Stunden bis zur nächsten Schicht.

Sie stand auf, zog sich an und tapste – behutsam die ächzenden Dielen vermeidend – leise aus der Wohnung.

Draußen war die Nacht so schwarz, dass sie fast dunkelblau aussah; die Straßen alle beinah leer gefegt. Gerade noch so in der Ferne sichtbar: die Hochhauskette der City, dunkel wie auf Stand-by.

Zu Fuß waren es bis zum Cascine von Tür zu Tür vierzig Minuten – fünfzehn, wenn sie den Weg durch eine zehnminütige Fahrt mit dem Bus abkürzte, aber der fuhr nach Mitternacht nur einmal die Stunde.

Julia machte große, schnelle Schritte, schämte sich, als wüsste jeder zufällig vorbeigehende Passant genau, was sie trieb – ihr eiliger Gang verriet sie. Es war kalt, und sie war angespannt; irgendwann blieb sie wie angewurzelt stehen, tastete Jacke und Hosentaschen ab, plötzlich überzeugt, sie hätte den Schlüsselbund in der Wohnung vergessen.

Hatte sie nicht, und auf dem Weg durch den Park, von einem ausgeleuchteten Bereich zum nächsten hastend, wuchs ihre Sorge davor, in welchem Zustand sie das Restaurant vorfinden würde.

Als sie endlich davorstand, legte sie beide Hände an – und sank dann seufzend nieder auf – den gesicherten Türgriff.

Die Gouvernante verliebt sich in den Stallburschen

Weil sie wusste, dass ihre Mutter kaum jemanden zum Reden hatte und der Mittwoch den entferntesten Punkt zwischen zwei Gemeindesonntagen in St. Mike's darstellte, machte Julia es sich zur Mittwochsgewohnheit, ihre Mutter in den Schichtpausen via FaceTime anzurufen.

Ihre Gespräche drehten sich meistens um Kirchentratsch von zu Hause oder um Arbeitserlebnisse; sie verglichen die sporadischen Updates von Julias

Schwester, die seit vergangenem Sommer auf einer ausgedehnten, offenbar sehr teuren Rucksacktour mit ihrem nichtssagend gut aussehenden kanadischen Verlobten unterwegs war, und zum Abschluss fasste ihre Mutter episodisch die neuesten Plots der schnulzigdämlichen Familiensagas zusammen, die sie auf ihrem Kindle las.

Nathan äußert an seinem Geburtstag vor einer Bar ein Bedenken

»Genau, das Dystopische ist, dass man von Unternehmen schattengeprofilet wird, denen man seine Daten gar nicht gegeben hat und deren Angebot man auch gar nicht nutzt. Soll heißen: Die legen ein Konsumentenprofil von dir mit Nutzungsdaten an, die sie sozusagen secondhand gesammelt haben – zum Beispiel, wenn deine Tante ihre Kontakte auf 'ner Glücksspielseite hochlädt oder so –, damit können die, also diese Unternehmen, deine komplette Onlinenutzung tracken, um dir quasi Waren zu verkaufen. Obwohl du nichts unterschrieben hast, keine Datenschutzerklärung ausgefüllt, kein DSGVO, nada; sobald die ihre unsichtbaren Clouddaten zusammen und quasi eine analysebasierte Kompositversion von dir haben, wirst du getrackt. Angeblich kann man denen zwar jederzeit die Zustimmung entziehen, für dieses Mikrotargeting, aber dafür, also, damit die deine Daten löschen, müsstest du deine Zustimmung ja erst mal erteilt haben. Also gibt's im

Grunde keinen – kein geregeltes – keine Ahnung, sorry. Ich verbrei … *verbring* viel Zeit damit, das klarzukriegen. Schau mir Videos an. O Mann, Julia, wenn ich mir vorstelle, ich wäre du und würde mir zuhören … total peinlich. Sorry. Ich weiß, du bist nicht, ähm … Ich mag dich einfach. Nein, warte, hör zu. Ich mag dich echt *sehr*, und ich weiß schon, du magst mich nicht auf dieselbe Weise, aber ich wollt's dir trotzdem sagen. Ich sehe ja, wie du – ich dachte bloß, ich sag's mal. Sorry, ich – ich war nur kurz – ich hab zu viel getrunken. Wir können ruhig wieder reingehn. Ich wollte das nicht alles auf dir abladen. Ach scheiße. Ich kann nicht glauben, dass ich –« Er wischte sich die Tränen ab. »Okay, egal. Sorry. Muss mich nur kurz abregen. Würdest du vielleicht solange mit mir hier draußen bleiben?«

Der Sturm

Mikroperlen ultrafeinen Februarhagels bissen Julia auf dem Weg zum Cascine in die linke Gesichtshälfte – die rechte wandte sie nach Lee.

Bis sie im Restaurant ankam, hatten ein Kälteeinbruch und der daraus resultierende, orkanstarke, antizyklonale Sturm die Stadt fest im Griff: Draußen sammelten sich schwere Schneebretter; lang bevor es dunkel wurde, waren alle Straßen weiß.

Die Reservierungen wurden fast ausnahmslos abgesagt oder waren No-Shows; schlappe zwanzig Gäste hatten sie bis Schichtende versorgt. Nur Julia, Ellery und Stephanie blieben bis zum Schluss als Notbesetzung, spulten planlos Routineaufgaben ab und sprachen zwischendurch über die sich draußen entwickelnde Wetterlage.

Durch die Fenster zur Straße sah man nur bernsteinfarben beleuchtetes Schneegestöber, gelegentlich durchbrochen von vorbeieilenden Phantomsilhouetten; Schattenprofilen.

»Sobald es schneit, hat plötzlich keiner mehr Hunger, oder was?«, sagte Ellery zu Julia. Später hörte sie, wie er denselben Witz gegenüber Stephanie wiederholte.

Obwohl der Strom nicht ausgefallen war, ließen die relative Ruhe und der schneesturmverdeckte Blick auf die Außenwelt das Restaurant irgendwie abgeschnitten von der Zivilisation erscheinen und dadurch aufgeladen mit teils gruseligem, teils erotischem Potenzial.

»Hat noch jemand Lust auf Alkohol?«, fragte Julia und überlegte, ein paar Teelichter für die Stimmung anzuzünden.

»Ganz ehrlich, ich glaube, wir sperren besser zu und machen uns vom Acker«, sagte Stephanie, die sich offensichtlich in der Rolle der Vernünftigen gefiel. »Schauen wir lieber, dass wir sicher heimkommen.«

Julia hat zwei Fragen

Ein paar Abende später – die instabilen Luftmassen aus dem Osten hatten sich verflüchtigt, und der letzte Rest der Schneeschmelze verdampfte – gingen sie nach der

Arbeit zusammen in eine Richtung, in der weder sie noch er wohnten. Ellery schob sein Rad zwischen ihnen her, eine Hand am Lenkerschaft.

»Darf ich dich was fragen?«

»Mir scheint, das hast du schon«, scherzte er mit verstellter Stimme. Ihre Gesichter gewannen und verloren an Ausdruck, wenn sie unter dem Lichtkegel einer Laterne entlanggingen. Im Dunkeln sagte er: »Ja, frag.«

»Es geht um den Verzicht auf Drogen.«

»Super«, sagte er.

»Mich interessiert bloß –«, Julia war mit Sucht und den entsprechenden Begriffen nicht vertraut, »ich frage mich, wieso du, wenn du trocken bist, aber weißt, dass du früher mal Probleme mit Alkohol und Drogen hattest, trotzdem manchmal trinkst?« Sie wollte ergänzen und tat es dann auch: »Nicht dass ich dich für einen Alkoholiker halte oder so.«

Ellery blieb lange stumm. Dachte wohl nach. Erst als sie in Reichweite des nächsten Laternenpfahls kamen, konnte sie sein Gesicht wieder von der ihn umgebenden Nacht unterscheiden.

Stunden später

Nachdem sie mehr oder weniger einen großen Kreis vom Cascine und wieder zurück gegangen waren, setzten sie den Abend in einer völlig überteuerten neuen Cocktailbar fort, die sie nach einhelliger Meinung sonst beide nie betreten hätten, deren Lizenz den Ausschank aber länger erlaubte als in allen benachbarten Etablissements.

Je länger sie redeten, desto mehr interessante Kleinigkeiten entdeckte Julia, in denen der echte Ellery von ihrem Bild von ihm abwich. Erstaunt stellte sie fest, dass viele seiner Ansichten genau den ihren entsprachen: dass er – wie sie – die hiesige »Gastroszene« affig fand; dass auch er keine echte Meinung über Foodstagramming hatte; dass auch er gemischte Gefühle bezüglich seiner religiösen Erziehung hegte.

Sie rückten sich näher, genossen reinere, ausgedehntere Versionen ihrer bisher immer bloß zufälligen, wenn auch verweilenden Körper- und Blickkontakte. Vermutlich dank einer dopaminergen Nervenreaktion auf den alkoholreichen Abend, aber vielleicht auch aus echten Gefühlen heraus registrierte sie, als sie ihn küsste, null Komma null emotionale Spuren von Nervosität oder Unsicherheit, lediglich Stille in den weiten Leerräumen zwischen ihren Gedanken.

Sie hatte weder den Eindruck gehabt, sich Mühe geben zu müssen – das dachte sie später, als sie nach dem Abschied das Treppenhaus zu ihrer Wohnung hochging –, noch, dass ihr eine Wahl geblieben war. Alles unausweichlich, als wäre der ganze Abend auf Schienen verlaufen.

Wo ist Ellery?

»Beim Chiropraktiker«, sagte Nathan, »er lässt sich ›massieren‹.« Zum ersten Mal seit seinem Geburtstag war Julia allein mit ihm. Zur Kompensation machte er noch mehr Witze als sonst, versuchte krampfhaft, nicht verkrampft zu wirken. »Also habe ich jetzt das Sagen. Jetzt weht hier mal ein *ganz anderer Wind*, meine Liebe!«

»Oh, super«, sagte Julia. Sie war erleichtert, dass er wohl lieber vergessen wollte, was er ihr an dem Abend vor der Bar gesagt hatte.

»Jetzt ist Schluss mit lustig!«

»Jawoll, Chef.«

»Aber mal im Ernst«, rief er, als sie auf die behindertengerechte Toilette zusteuerte, um in ihre Kochuniform zu schlüpfen. »Heute Nachmittag ist er wieder da.«

Romantische Komödie

Ellery führte Julia in ein Konkurrenzrestaurant aus, von dem sie viel gehört, das sie aber noch nie besucht hatte. »Sieh's einfach als Betriebsausflug«, hatte er ihr vorher gesagt.

Während der gesamten Dauer der Mahlzeit ließ ihr Kleid ihr keine Ruhe: Die elastischen Seiten rutschten unablässig zu einer Quetschstelle an ihrer Taille hoch; der dämliche Peter-Pan-Kragen klebte ihr unerträglich am Hals.

So gegenüber von Ellery sitzend, praktisch nur ihn im Blickfeld, wurde sie von einer Nervosität befallen, die sie durch schnelles Sprechen und wildes Gestikulieren zu überspielen versuchte. »Das ist alles so ... so lecker, irgendwie. Hattest du mir erzählt, dass die hier alles mit Induktion kochen?«

»Mhm.« Ellery hatte vor langer Zeit gelernt, dass er, um attraktiv zu wirken, nur relaxter wirken musste als die Zielperson. »Kann sein.«

Sie konsumierten acht multiregionale Degustationsgänge von zunehmend kleinerem Umfang – Ellerys Favorit war eine fotogene Schweinepastete, angerichtet mit einer Kuppel Orangenkompott.

Die Rechnung kam erst eine ganze Weile, nachdem die beiden sie erbeten hatten; Ellery, der fand, die Servicequalität eines Restaurants verrate immer etwas Wesentliches über dessen Management, meinte, solche Schludrigkeit sei typisch für den Besitzer, den er persönlich kannte und nicht leiden konnte.

Später, beim Spazieren, fiel Julia auf, in welch hohen Tönen Ellery von seiner Tochter sprach; wie abergläubisch er Gullydeckeln auswich. Irgendwann machte sie einen auf sie beide zielenden Witz darüber, dass ihre Hände so alt aussahen, wie Ellery war.

»Meine Wohnung ist ganz in der Nähe«, gab er zur Nicht-Antwort. »Willst du vielleicht noch ein Gelato, oder Wein, oder ...?«

Per Uber fuhren sie von einer Straße nahe dem Restaurant zu Ellerys fußläufig erreichbarer Wohnung. In seinem Wohnzimmer stehend, wickelte Julia sich eine Locke um den Zeigefinger und strich sie sich unter der Nase entlang; atmete den natürlichen, juliahaften Duft ein.

Aus der Küche fragte Ellery, was sie gern hätte. Er habe einen schönen Wein, falls sie den probieren wolle, aber Gelato sei leider doch keins mehr da. Sie sagte klar zum Wein, kein Ding zum Gelato, und dass seine Wohnung sehr erwachsen sei.

»Ich bin ja auch erwachsen«, sagte er, brachte zwei leere Gläser ins Wohnzimmer, ging wieder in die Küche und kam mit einer offenen Flasche Wein zurück.

»Hast du Musik?«

»Ja, der Laptop läuft über die Boxen, aber … leise.« Er deutete auf eine Innenwand und bühnenflüsterte: »Die Nachbarn.«

Seite an Seite saßen sie auf dem Fußboden zwischen Sofa und Couchtisch. Julia weckte den Laptop und fragte Ellery nach dem Passwort, das er ihr aber nicht verriet. Stattdesssen beugte er sich über sie, um es selber einzutippen. Sie sah nur, dass es alphanumerisch war und mit einem großen »L« anfing.

Sein Desktophintergrund waren die Standardhügel des Betriebssystems, und nachdem sie ihn dafür veralbert hatte, öffnete Julia einen Browser, rief YouTube auf und überlegte, was zur Stimmung passte. Sie entschied sich für ein copyrightverletzendes, von einem Fan hochgeladenes, 51 Minuten langes Video mit dem kompletten Album *Hejira* von Joni Mitchell; die Musik war unterlegt mit einer im Ken-Burns-Style überblendenden Slideshow aus wasserzeichenmarkierten Getty-Fotos von Joni Mitchell.

Neben dem Video bemerkte Julia eine Sidebar mit algorithmisch empfohlenem YouTube-Content auf der Grundlage von Ellerys Videovorlieben. Die Vorschläge in der Playlist hatten Titel wie: »Zwölf einfache Übungen gegen chronische Rückenschmerzen«, »Charisma und wie man Frauen abschleppt«, »Die Körpersprache von Alphamännern« und »College-Prof zerflext feministische Studentin«.

Unsicher, ob sie das kommentieren oder ignorieren sollte, wandte Julia sich vom Laptop ab und sah zu, wie Ellery zwei Gläser Wein einschenkte und zum Atmen auf den Couchtisch stellte.

Ellery drehte die Flasche herum und musterte das Etikett lange genug, um es zweimal durchzulesen. »Der ist ernsthaft dreißig Jahre alt, weißt du.«

»Wow«, sagte Julia, während sie versuchte, sich nicht vorzustellen, wie Ellery alleine in der Wohnung saß und sich im Internet rumtrieb.

»Willst du keinen Witz darüber reißen, dass er halb so alt wie ich ist oder so?«

»Ah, zu spät, verdammt«, sagte sie. »Aber ja, tun wir einfach so, als hätte ich einen gemacht.«

»Pfff. Leck mich.«

Sie lachte, dann verstummte sie.

»Du bist nicht gerade sehr gesprächig. Bei der Arbeit.«

»Ach ja. Ich weiß.«

»Ich glaub, die Jungs – also Nathan und Owen –«

»Was?«

»Ich glaub, die haben Angst vor dir.«

Julia lachte abermals, wusste aber, was er meinte. Und freute sich, dass er das sagte. »Hast *du* denn Angst vor mir?«

»Nein«, sagte er. »Und du vor mir?«

Vergeblich suchte sie nach einer guten Antwort, bevor sie sich für »Nein« entschied.

Ellery ging ins Bad, und Julia starrte unterdessen auf den stromspargedimmten Laptopbildschirm. Sie überlegte, die ersten Buchstaben ihres Namens in die Adresszeile des Browsers zu tippen, um zu sehen, ob er mit dem Beweis vervollständigt würde, dass Ellery sie recherchiert hatte.

Im nächsten Moment schreckte sie von Ellerys Stimme direkt hinter ihr hoch. »Finde ich gut«, sagte er und deutete mit dem Zeigefinger auf die Musik im Raum; es war nicht ganz klar, ob er damit meinte, er kenne und möge die Platte schon länger, oder er höre sie gerade zum ersten Mal und sie gefalle ihm.

»Wollen wir den Wein probieren?«, fragte Julia.

Behutsam stießen sie an, und Ellery sagte: »Denk dran, du trinkst dreißig Jahre Geschichte.« Julia nahm einen schmalen Schluck Geschichte und schmeckte diverse Kriege; Wirtschaftskrisen; epochale Terroranschläge; den Aufstieg der Unterhaltungselektronik; die katholische Schule; grausame Kinder; Clearasil; Fahrschule; tägliche Mahlzeiten; weltweite Umweltzerstörung; Tränen im Regen.

Teils, weil sie wollte, aber hauptsächlich, weil sie fand, es sei an der Zeit, beschloss Julia, in dieser Nacht mit Ellery zu schlafen. Die ganze Sache war vorbei, bevor sie groß darüber nachdenken konnte, und hinterher lagen sie da und waren sehr lieb zueinander.

Sie hatte Mittel und Wege gefunden, das Erlebnis zu genießen – hatte gern all diese spontanen, pornotauglichen Dinge gesagt, als er in ihr war –, und konnte sich schon jetzt gut vorstellen, sich in Zukunft an verschiedenen Variationen der heutigen Vorlage zu erfreuen.

Während sie so mit Ellery dalag – seine Front an ihre Rückseite gebuckt – und diese Stille von typisch postkoitalem Kaliber mit ihm teilte, ging sie das Erlebnis gedanklich noch einmal durch und stellte fest, dass sie sich fast vollständig außerkörperlich daran erinnerte, so, als wäre sie nur eine unbeteiligte Zuschauerin gewesen.

Eigentlich hatte sie sich wohl gewünscht, dass er schwer auf ihr gelegen hätte; sie mit seinem ganzen Gewicht niedergedrückt hätte. In Wahrheit wusste sie aber nicht recht, ob Menschen so etwas wirklich taten, oder wenn doch, wie sie darum baten.

Wenn sie morgen aufwachte, wäre alles sicher wieder ganz normal. Und in den allerletzten, verschwommenen Momenten der Verwirrung, bevor ihre tagmüden Gedanken erst in Abstraktionen, dann in Träume übergingen, bemerkte sie flüchtig – ohne sich später daran zu erinnern – einen konzentrierten Ausdruck in der Miene ihres neuen Bettgefährten, der von unten blau von seinem Smartphone angestrahlt wurde.

Der nächste Morgen

Als sie gefühlt am nächsten Morgen aufwachte, bei dem es sich in Wahrheit aber um denselben Morgen handelte, an dem sie ein paar Stunden vorher eingeschlafen war, lag sie noch eine Weile im leeren Bett auf der Seite, stellte sich im Halbdunkel auf die neue Umgebung und die Position der Gegenstände in dem unvertrauten Zimmer ein und erinnerte sich nonlinear an die Geschehnisse des Vorabends.

Sie checkte ihr Smartphone und fand eine Nachricht von Ellery, setzte sich auf, legte sich wieder hin, stand schließlich aber doch ganz auf. Das Ausmaß ihrer Enttäuschung darüber, dass Ellery schon aus dem Bett und bei der Arbeit war, nahm sie als ehrlichen Beleg für ihre Gefühle ihm gegenüber.

Nachdem sie die Basisschichten ihres gestrigen Outfits aufgelesen und angezogen hatte, rief sie ein paarmal »Hallo« und »Ellery«, dann – überzeugt, dass sie allein in der Wohnung war – tappte sie barfuß in das kalte, mit Laminatboden ausgelegte Bad und presste eine Wurst heraus, so glatt und so schwer wie ein Hockeypuck.

Später, als sie mit nassem Haar und nach Ellerys Duschgel duftend aus der Tür trat, beschloss sie, jemandem von dieser Nacht zu erzählen, um sie selbst besser zu verstehen. Sie scrollte durch die Nachrichten auf ihrem Handy und überlegte, mit welchem ihrer Kontakte sie am liebsten sprechen wollte, trat dabei achtlos in den und gleich wieder aus dem Weg einer anrauschenden Kolonne Einbahnverkehr.

Teddy und Roos – die einzigen Unifreunde, mit denen sie seit ihrem Umzug in die Stadt noch Kontakt gehalten hatte – fielen ihr als Erstes respektive Zweites ein. Beide lebten heute ganz bestimmt in Wohnungen, die der von Ellery recht ähnlich waren, und so gesellig, wie Julia sich fühlte, hätte sie sie beide gern getroffen. Abwechselnd stellte sie sich ein Treffen mit Teddy, einem Klatschmaul, das sich mit Vergnügen in den Missgeschicken seiner Freunde suhlte, und eines mit Roos vor, die zwar besser zuhörte als Teddy, aber Julia meistens weniger schmeichelte. Wobei, fiel ihr da plötzlich ein, begleitet von einem Ansturm schlechten Gewissens, hatte sie die Nachrichten der beiden zuletzt nicht gänzlich unbeantwortet gelassen, seit (beschämt checkte sie im Gehen die exakten Daten) Wochen, in Teddys Fall, und sogar seit *Monaten* in dem von Roos?

Trotzdem, sonst hatte sie keine Freunde – und mit den Kollegen vom Cascine konnte sie nichts Ellery-Relevantes besprechen. Vage auf superbusy in der Arbeit anspielend, schrieb sie also Teddy und verabredete sich mit ihm in einer halben Stunde zum Kaffee.

Im Laufe dieser halben Stunde schlug ihr Kater, den sie erst gut im Griff geglaubt hatte, mit voller Kraft zu – er manifestierte sich quadriphasisch, zuerst als Erhöhung ihrer Kerntemperatur, dann als Schweißausbruch, dann als Kopfschmerz und schließlich in seiner finalen Form als den ganzen Körper erfassende Übelkeit.

Schon bereute sie, dass sie Teddy kontaktiert hatte, debattierte innerlich darüber, wie unhöflich es wäre, jetzt noch abzusagen. Aber bis die Pro-Absage-Hälfte ihres Hirns gegen die Anti-Absage-Hälfte gesiegt hatte, sie das Handy zückte und darüber nachdachte, wie sie sich ohne schlechtes Gewissen aus der Affäre komplimentieren könnte, hatte Teddy schon geschrieben, er sei unterwegs.

Sie kam vor ihm im Café an und sicherte sich einen Tisch möglichst nahe an der Tür – je tiefer sie im Raum säßen, desto länger müssten sie bleiben. Nachdem sie sich mit einer kompletten Karaffe gurkenaromatisiertem Leitungswasser rehydriert hatte, sah sie Teddy an der Bitte-drücken-Tür ziehen, körpersprach ihm zu, er müsse sie auf*drücken*, und ließ sich – nach einer Begrüßung auf zwei sehr ungleichen Energielevels – schnell eine gute Antwort einfallen, als er sagte: »Du bist ja so schick heute.«

»Genau genommen schon seit gestern Abend ...«

Und Teddy, der sofort begriff, für welche spezielle Freundesrolle sie ihn einbestellt hatte, sagte nur: »Erzähl.«

»Okay. Also.« Sie hielt inne, um den nächsten Satz sorgfältig zu formulieren, was unbeabsichtigt den Story-telling-Effekt erzeugte, narrative Spannung aufzubauen. »Ich war mit meinem Boss im Bett.«

Teddy machte große Augen. »Oh. Geht es dir gut?«

»Nein, nein! Ich meine: Ja! Ich mag ihn. Ich freu mich.«

»Aber hast du nicht gesagt – Ist der nicht ein stadt-bekannter Rassist oder so?«

»Nein, da arbeite ich nicht mehr.«

»Ah, ja. Klar. Stimmt. Aber erst seit Kurzem.«

»Na ja, seit ungefähr drei Monaten.«

»Und jetzt bist du bei diesem Italiener?«

»Paneuropäisch, nicht –«

»Ah, wow. Und ist der so alt wie wir, dieser Typ?«

»Nein, eher so vierzig plus.«

»Ach, das geht ja noch. Mit vierzig ist man ja heut-zutage quasi dreißig, und mit dreißig quasi –«

»Eigentlich bin ich fast sicher, dass er auf die fünfzig zugeht.«

»Und er ist Italiener?«

»Nein, von hier.«

»Und der Laden gehört ihm?«

»Nicht direkt. Er *gehört* dem Geschäftsführer und den Investoren, aber der Chefkoch schreibt die Karte und beschafft –«

Teddy nickte wissend. »Die edlen Tröpfchen.«

»Nein, das macht der Sommelier. Ellery beschafft die Zutaten.«

»Ah, ja, klar. Ellery, hm. Also die Dynamik find ich ja zucker; du als seine rechte Hand in der Küche, und dann im Schlafzimmer –«

»Na ja, genau genommen gibt's da noch Nathan, der ist so was wie sein Stellvertreter. Ich arbeite für beide und beaufsichtige die –«

»Trotzdem, Arbeitsaffäre, scharf! Und meinst du, es bleibt bei dem einen Mal, oder?«

»Ich hoffe nicht«, sagte Julia und dachte daran, wie oft die Dinge, die sie zu wollen glaubte, sich als ganz und gar nicht das entpuppten, was sie tatsächlich wollte. »Bestellst du was?«

Wir haben ein Date

Eine gute, aufrichtige Weise, Ellery für den morgigen Abend eine gemeinsame Unternehmung vorzuschlagen, ohne ihm ihre tief sitzende Einsamkeit zu offenbaren, war, ihm Folgendes zu texten: »Hey, habe morgen nach der Arbeit noch nichts vor, sag Bescheid, wenn du was machen willst.«

Am nächsten Abend vertröstet Ellery, als sie aus dem Restaurant kommen

»Du, tut mir echt leid, aber wäre es schlimm, wenn wir heute Abend canceln?«

»Nö«, sagte sie, »gar kein Problem«, obwohl sie fast den ganzen Tag an nichts anderes gedacht hatte.

»Bitte entschuldige, ich hab da was komplett verplant. Ich muss für meine Tochter –«

»Kein Thema, wirklich.«

»Ich würde das aber gern nachholen. Morgen Abend, geht das?«

»Ähm – ja, geht.«

»Sicher?«

»Mhm.«

»Sicher sicher?«

Lautes Lachen: *Du bringst mich zum Lachen.* »Ja!«

Julia bekommt eine Antwort

Ellery trug eine reflektierende silberne Fahrradjacke – die Julia im trüben Abendlicht optisch besonders irritierend fand – sowie ein nachdenkliches Stirnrunzeln. Julias übergroßer Anorak ballte sich an ihr wie ein Segel; ihre Miene switchte unregelmäßig zwischen besorgt und entspannt.

»Ich glaube, ich lasse vom Alkohol vor allem deshalb die Finger, um nicht zu anderen, schlimmereren Rauschmitteln zu greifen«, erklärte Ellery. »Schlimm*eren. Habe* gelassen. Aber jetzt ist so lang nichts passiert, dass ich mir im Grunde wieder völlig trauen kann.«

»Und ... wie lang warst du– ?«

»Bis letztes Jahr hatte ich etwa ... vier Jahre? ... gar nichts mehr genommen. Kommt das hin? Ja, drei oder vier. Keine Opiate, kein Alkohol. Meine mittellosen Jahre, sage ich immer.«

»Lustig.«

»Es ist nicht leicht ohne Drogen und Alkohol, grade in der Gastro. Im Grunde Berufsrisiko – vor allem mit meinem kaputten Rücken. Aber letztlich war ›Drogen nehmen‹ oder ›Alkohol trinken‹ sowieso nie mein echtes Problem. Eher, wie ich dieses Zeug als Krücke benutzt habe, als Ausrede dafür, bei der Arbeit oder mit dem Kind nicht auf der Höhe zu sein – das ging tiefer als jede Droge. Obwohl, vielleicht stimmt das nicht ganz, die Pillen waren echt ein Problem; aber mit dem Trinken habe ich nur aufgehört, um mir zu beweisen, dass ich's kann. Und ich glaube, heute habe ich das viel besser unter Kontrolle, mein Trinken und mein Verhalten – ja, definitiv. Außerdem, falls ich mich je wieder wie das letzte Schwein aufführen sollte, würdest du es mir bestimmt als Erste sagen, Julia.«

In der Stadt

Weil sie sich interessiert gezeigt hatte, lud er sie in das schicke, sündhaft teure Restaurant im Financial District ein, in dem er das Kochen gelernt hatte. Auch nach all den Jahren erkannte der ältere Oberkellner ihn sofort und behandelte ihn ausgesprochen herzlich.

Beim Essen mit Ellery in dem traditionsreichen Restaurant im Art-déco-Stil kam Julia sich halb wie seine verwöhnte Frau und halb wie seine verwöhnte Tochter vor. Sie saßen einander gegenüber in einer Nische auf bordeauxroten Lederbänken und verzehrten eine Reihe

schnörkelig angerichteter Speisen, von denen Julia –
allein schon angesichts der Preise (das Entree aus Cros-
tini, Schmalz und Speck kostete in etwa so viel wie
ein durchschnittlicher Hauptgang im Cascine) – ge-
schmacklich mehr erwartet hätte.

Nach dem Essen bat Ellery um die Rechnung und
wirkte, nachdem sie ihm gebracht wurde, als hätte ihn
der Schlag getroffen.

»Alles okay?«, fragte Julia, unsicher, ob sie vorschla-
gen sollte, die vermutlich ohne Rabatt ausgestellte
Rechnung zu teilen, was sie sich höchstwahrscheinlich
gar nicht leisten konnte.

»Ja«, sagte Ellery, »ich habe bloß nicht ... *damit* ge-
rechnet.«

Das Internet

»Sei ehrlich«, sagte sie. »Hast du mich schon mal online
recherchiert?«

»Im Internet?«

»Ja.«

»Wieso?«

»Nur so aus Neugier.«

»Nein. Warum auch? Ich seh dich doch fast jeden
Tag.«

»Keine Ahnung. Um nachzuforschen. Bilder anzuschauen.«

»Nein, wirklich nicht. Aber darf ich das jetzt so verstehen, dass du nach *mir* gesucht hast?«

»Quatsch«, sagte sie und wandte schnell den Blick ab. Sie war stolz darauf, nur einen einzigen Social-Media-Account zu haben, ein altes Facebookprofil, mit dem sie manchmal nachsah, was ihre Schwester so trieb, und mit dem sie auch schon mehrfach nach Ellery gesucht hatte – was sie womöglich zugegeben hätte, hätte sie online auch nur die winzigste Spur von ihm gefunden.

»Obwohl«, fuhr sie kurz darauf fort und erzählte ihm von der Website, auf der sie vor Monaten den Anfang der Kritik zum Cascine gelesen hatte.

»Ist das die, in der es um meine ›ruhige Hand‹ geht?«

»Genau!«

»Schrecklich. Ein Pseudokompliment. Vernichtend. Besser, man wird ordentlich verrissen, als für seine ›ruhige Hand‹ gelobt.«

»Eigentlich hieß es sogar ›leichte Hand‹, glaube ich.«

Deprimiert ließ Ellery die Schultern sinken. »Das ist ja noch schlimmer«, sagte er.

Die Niete

Um Ellery das erste Mal in die Wohnung einzuladen, hatte sie auf einen Abend gewartet, an dem sie wusste, dass Margot erst spät von der Abschiedsparty einer Kollegin wiederkäme. Die Party sollte über mehrere im Stadtzentrum gelegene Bars hinweg gegen elf in eine Clubnacht übergehen, was Julia einen ganzen Abend bescherte, um ihren Gast zu bewirten, ohne dass die beiden Welten »Lover« und »Mitbewohnerin/Vermieterin« sich überschnitten. Ellery ihr Innen-Leben zu offenbaren, machte sie zwar immer noch nervös, aber jetzt, wo sie die Wohnung für sich allein hatte, war es erträglicher.

Vor seiner Ankunft hatte sie den Esstisch aus der Ecke in die Zimmermitte gezogen; das Sofa um neunzig Grad gedreht, um dem verschobenen Tisch Platz zu machen; das jetzt nicht mehr vom Sofa bedeckte Stück Fußboden gesaugt; sich die Haare gewaschen; das Bett frisch bezogen; mit dem Kochen angefangen. Bis Margot nach Hause käme, würde alles wieder sein wie vorher.

Sie deckte gerade den Tisch, als Ellery die Klingel an der Sprechanlage drückte; sie drückte von innen zurück, um ihn ins Haus zu lassen. Dann machte sie die Wohnungstür auf und küsste ihn, als er davor erschien – so hatte sie ihn bisher noch nie begrüßt, und sie genoss das Novum sehr.

»Komm rein«, sagte sie, obwohl Ellery schon drin war. »Wirf deine Jacke einfach in mein Zimmer.« Sie zeigte auf die Tür.

Ellery legte die Hand an den Knauf, sagte: »Ein historischer Augenblick«, und trat ein, den Arm voraus.

Julia stand auf dem Flur und glotzte deckenwärts.

»In Seinem Dienst liegt völlige Freiheit«, las Ellery von einer gerahmten Stickerei vor, die Julias Mutter vor Jahren angefertigt hatte. Warum Julia die Stickerei auch

noch als Erwachsene in jedem neuen Schlafzimmer auf-
hängte, wusste sie nicht.

»Komm«, sagte sie, als hätte sie ihn nicht gehört.
»Essen ist gleich fertig.«

»Na ja, zumindest ist es *gleich* gleich fertig«, fügte sie
in der Kochecke leise hinzu.

»Gefällt mir, dein kleines Zimmer«, sagte Ellery.

»Danke«, sagte Julia, »die Küche ist auch klein. Setz
dich doch schon mal an den kleinen Tisch.«

Sie schenkte zwei Gläser ein, versicherte Ellery, es
käme sofort jemand, um seine Bestellung aufzunehmen,
und er lachte.

Kaum war das Essen aufgetragen, mäkelte Julia auch
schon daran herum. Der geschmorte Lammhals sei leider »vollkommen geschmacksneutral«, klagte sie kau-
end, »viel zu lang im Ofen«. Außerdem passe der bittere
Blattsalat nicht mal ansatzweise zum Hauptgericht.
»Und so was nennt sich Köchin«, sagte sie, indem sie
nervöse Ringe auf die Tischplatte fingermalte. »Eine
Niete bin ich.«

Ellery trank schnell und aß langsam; sagte, es sei lecker und sie solle seine »Lieblingsköchin nicht so run-
termachen«.

Julia bedankte sich, und als ihre Hände die von Ellery
berührten, klapperte die Wohnungstür – fast überir-
disch war das.

Vermutlich bloß ein Luftzug, dachte Julia, vielleicht
hatte ein Nachbar im Treppenhaus ein Fenster aufge-
macht.

Die Tür klapperte erneut, doch erst beim dritten Mal drehte Julia sich um und begriff, wieso: Margot war Stunden zu früh nach Hause gekommen.

»Was ist denn hier los?«, fragte sie, indem sie die Tür hinter sich schloss und ins Wohnzimmer trat; ihr Blick huschte über die verschobenen Möbel. Sie sah erst Ellery an, dann Julia. »Gefällt mir, was du aus dem Wohnzimmer gemacht hast.«

Julia war zu belämmert von Margots Eindringen, um sofort zu merken, *wie* belämmert sie tatsächlich war; sie stellte Margot und Ellery einander vor und witzelte, sie würden immer so dinieren, wenn Margot nicht zu Hause wäre.

»Hoch-in-te-res-sant«, sagte Margot, hockte sich auf eine Lehne des verschobenen Sofas und gab dann ungefragt einen Bewusstseinsstrom über den Klamauk aus Feierabenddrink-Fehltritten wieder, aufgrund dessen sie aus einer Bar geworfen worden und früh genug nach Hause ge-ubert war, um Julias heimliches Dinner zu stören.

Danach fragte Ellery – der konstant gelächelt, aber dabei zu viele Gesichtsmuskeln eingesetzt hatte, um wirklich entspannt zu wirken – sie nach ihrem Job, von dem Margot meinte, sie würde ihn selbst nicht mögen und erst recht nicht darüber reden wollen.

Zu Julias Verdruss ließ Margot sich von der Lehne auf das Sitzpolster des Sofas sinken und auf eine Art zurückfallen, die nahelegte, dass sie dort eine Weile bleiben wollte.

»Ich kann auf keinen Fall noch was trinken«, erklärte Margot, als hätte ihr das jemand angeboten. »Woher kennt ihr euch denn?«, fragte sie, und Julia – den Blick auf das erkaltende, halb verzehrte Essen gerichtet – antwortete sichtlich genervt: »Von der Arbeit.«

Erst da bemerkte Margot den Effekt ihres Eindringens auf einen offenkundig besonderen Abend für Julia und übte mit den Ellbogen gezielten Abwärtsdruck auf das Sofa aus, um sich langsam in die Vertikale zu befördern. »Na gut, Leute«, sagte sie, indem sie je eine Fingerpistole auf die beiden richtete, »schönen Abend noch.«

Vom Türstock umrahmt, drehte sie sich hinter Ellery noch einmal um und zeigte Julia zwei erhobene Daumen; formte mit den Lippen: »Gut gemacht.«

Julia vergisst, wie man schluckt

Eines Abends, in einem Thai-Restaurant, hinterfragte Julia ohne jede Absicht den für den Akt des Schluckens nötigen Glottisglauben; den Vertrauensfall des Essens vom Rachen in die Speiseröhre, eine dieser Körperfunktionen, die – wie blinzeln, urinieren oder einschlafen – umso besser gelingen, je weniger man darüber nachdenkt.

Als ihr Mundvoll Ente mit Tamarinden-Glasur und Jasminreis das Gaumensegel erreichte, erlahmten plötzlich ihre Halsmuskeln; der Schluckreflex stockte, die Luftröhre war dicht – eine Wachapnoe. Sie fragte sich, ob sie mitten in diesem Thai-Schuppen verenden würde und ob Ellery und ihre Mutter sich dann kennenlernen müssten.

Entschlossen und ohne zu atmen, griff sie mit beiden Händen nach einer Flasche Edelmineralwasser, goss einen großen Schluck in ihr leeres Glas und führte es behutsam an den Mund. Mithilfe des Gewichts und Drucks des Wassers zwang sie ihren Körper, das Essen zu schlucken.

Vor Erleichterung darüber, wieder normal ein- und ausatmen zu können, musste sie fast losheulen. Sie blinzelte ein paar dezente Tränen weg und sagte nichts davon zu Ellery, der nichts Ungewöhnliches bemerkt hatte. Das Essen, so erklärte er ihr später, hatte ihm nicht sonderlich geschmeckt.

Ellery hat Schmerzen

Zu sonderbarer Nachtzeit winselte Ellery in seinem Badezimmer vor sich hin, während er eine Handvoll rezeptpflichtige Einreibecreme auf seinen unteren Rücken schmierte – rings um den Bereich hatte er ein Achteck aus Kinesiotape geklebt wie ein okkultes Symbol.

Julia kam ins Bad und sagte »Hey«, fragte, ob sie etwas für ihn tun könne. Ellery meinte Nein, der Schmerz sitze ganz unten in der Wirbelsäule, und als Julia ihn dort massieren wollte, blaffte er Nein, ob sie nicht zugehört hätte – der Schmerz sitze nicht *auf*, sondern *in* der Wirbelsäule, wo sowieso niemand rankäme. Er entschuldigte sich für seinen Tonfall, und Schatz, sagte sie, ist schon okay, Schatz.

Noch eine Frage

Auf der Feuertreppe vor seinem Fenster fragte sie ihn mitten in einer Unterhaltung etwas völlig anderes: »Was macht dich glücklich?«

Die Frage war ihr einfach so rausgerutscht, und sie bereute sie sofort – sie klang kindisch, kein bisschen wie eine Frage, die jemand in Ellerys Alter gestellt hätte.

Um ihn vom Zwang zu einer Antwort zu entbinden, wollte sie schon sagen: »Das Restaurant, oder?«, doch er schien ernsthaft über ihre Frage nachzudenken.

Die Abendluft war kühl und roch, als würden irgendwo menschengemachte Substanzen verbrannt. Sie nahm noch einen Schluck Naturwein und betrachtete die Lichter der Stadt.

Ellery blieb so lang stumm, dass Julia schon damit rechnete, er würde irgendwas hochtrabend Betrunkenes erwidern, so was wie: »Was *ist* Glück überhaupt?« Doch seine Antwort war entwaffnend, ehrlich: »Bei dir zu sein.«

Wochenenden

An Mon- und Dienstagen, die sozusagen Julias Wochenende waren, tigerte sie während Margots Arbeitszeit durch die Wohnung und machte das Beste aus dem Freiraum.

Das Wohnzimmer für sich allein, zündete sie dort manchmal ein paar Räucherstäbchen an oder masturbierte – ab und zu hing sie in Margots Zimmer rum und stöberte in ihren Habseligkeiten: blätterte durch die auf dem Modulregalsystem gestapelten, businessmäßigen Selbsthilferatgeber mit Begriffen wie »Trick« oder »Mindset« im Titel; beäugte die anderthalb Jahrzehnte alten, niedrigaufgelösten Digitalfotoausdrucke an der Wand, von Margot und Julias Schwester bei diversen Festivals und Partys. Beide waren auf den Fotos viel schlechter gekleidet, sahen aber deutlich glücklicher aus.

Oder sie beschäftigte sich, wenn sie bei Ellery geschlafen hatte, mit Ellery-Versionen desselben privatsphärefeindlichen Zeitvertreibs – manchmal aeropresste sie sich einen Kaffee oder versuchte, die Home-Entertainment-Anlage zu bedienen. Wenn sie nach versteckten Opiaten oder hoch dosierten Schmerzmitteln suchte, vergaß sie nie, sich deshalb angemessen schuldig zu fühlen, gestattete sich aber auch, ihr schlechtes Gewissen von Erleichterung übertrumpfen zu lassen, wenn sie wieder mal nichts fand.

Mehr davon

Sie hatten ein mehrgängiges Menü in einem Restaurant im renovierten Zwischengeschoss eines Sackler-finanzierten Art Space für zeitgenössische Kunst gegessen.

Auf dem Heimweg meinte er, er sei noch hungrig, sodass sie ihm in seiner Wohnung zwei Pfirsiche backte und zusah, wie er sie mit Eiscreme verputzte. Er war der vielleicht ungehemmteste Esser, den sie je gesehen hatte, und womöglich auch der gierigste.

»Ich bin ein Schwein, ich weiß«, las er ihre Gedanken. »Und das Schlimmste ist, mir ist vollkommen egal, was ich esse. Ich will einfach nur *irgendwas* futtern. Mir *reinfratzen*. Ich würde sogar einen Stapel Toast ohne Butter fressen, wenn nur genug davon da ist.«

»Mich stört das nicht«, sagte sie und stand neben ihm, während er aß. In ihm tobte ein Tier, und das war immer hungrig. »Ich find's schön, dass du gern isst.«

»Na, wenn das so ist«, sagte er und hielt ihr die leere Schale hin, »gibt's vielleicht noch ein paar Pfirsiche?«

Nichtsdestotrotz

Sie spazierten über Salzkörner auf Eis im Park; sie umarmte seinen rechten Arm mit ihren beiden Armen.

Scherzhaft zankten sie über das Wort »nichtsdestotrotz«; Ellery sagte, das sei kein richtiges Wort, während Julia behauptete, es sei sehr wohl eins.

Nachdem Julia die Diskussion mit einem Blick auf ihr Smartphone für sich entschieden hatte, entdeckte sie Owen, der ihnen, ebenfalls auf sein Smartphone starrend, auf dem Fußweg entgegenkam. Vor lauter Überraschung verlangsamte sie ihren Schritt und rief seinen

Namen. Nur halb bemerkte sie, wie Ellery ihr seinen Arm entwand.

Owen blickte auf, orientierte sich und ging dann geradewegs auf die beiden zu. »Dachte ich's doch, dass du das warst«, verkündete er Julia. »Aber dann dachte ich so, nee, Moment, ist sie das echt?«

»Und dann war ich's doch echt«, erwiderte Julia.

»Genau«, sagte Owen und wippte auf den Fußballen, um sich warm zu halten. »Was geht bei euch so?«

»Nichts Besonderes«, antwortete Ellery. »Bloß spazieren. Vielleicht irgendwo mittagessen.«

»Zusammen?«, stutzte Owen, ganz leicht die Brauen hebend.

»Nee«, sagte Ellery. »Also, ja, schon. Aber nur zum Essen.«

Julia ließ die Schultern sinken und schob die Hände in die Vordertaschen von Ellerys Hoodie, den sie anhatte.

Sie konferierten noch ein wenig, und als das Gespräch die erste Flaute erreichte, musste Owen weiter, sagte Tschüss und ging.

Mit Schmollen hatte das ganz sicher nichts zu tun, aber als sie weiterspazierten, verzichtete Julia bewusst darauf, von sich aus das Wort zu ergreifen.

Ohne es je wirklich abgesprochen zu haben, hatten sie im Restaurant immer eine gewisse Distanz gewahrt – hatten ihr Arbeits- und ihr Liebesleben auf eine Weise diskret auseinandergehalten, die Julia kultiviert und anständig erschienen war. Aber zu erleben, wie Ellery diese Distanz nutzte, um sich, na ja, von ihr zu distanzieren, ließ die ganze Sache billig wirken, ja geradezu schäbig.

Er streckte eine Hand aus und griff nach Luft. »Entschuldige«, sagte er schließlich. »Ich dachte, so ist es leichter. Vorerst zumindest. Wenn wir nicht über –«

»Absolut verständlich«, sagte sie, obwohl sie gar nicht sicher war, ob sie verstand. Dennoch schob sie erfolgreich alle vorigen Gedanken beiseite und verkniff sich größeres Stirnrunzeln. Ehe sie weiterredeten, fügte sie hinzu: »Du musst mir unsere Beziehung nicht erklären.«

Stephanie sagt nichts

Am nächsten Morgen – noch bevor die anderen eintrafen – passte Stephanie Julia in der Küche ab und sagte: »Also … du und Ellery, ja?«

Julia spürte ihre Wangen ins Rote changieren. »Was ist mit mir und Ellery?«, sagte sie.

»Wie lang seid ihr schon– ?«

»Ach so, nein. Wir sind bloß Freunde. Wir gehen ab und zu was trinken, aber –«

»M-hm, schon klar«, machte Stephanie und grinste blöd, während sie die Spülmaschine aufklappte und deren Inhalt auf ein Plastiktablett lud.

»Nein, ehrlich«, beharrte Julia, aus dem plötzlichen Drang heraus, ihre Lüge aufrechtzuerhalten. »Da läuft nichts. Komm nächstes Mal gern mit.«

Aus ihrer vorgebeugten Haltung heraus blickte Stephanie sie an und grinste eine noch blödere Version desselben Grinsens wie zuvor. »M-*hm*.«

»Okay, na gut«, sagte Julia und rieb sich ein paarmal übers Handgelenk. »Wir sind irgendwie … zusammen. Ist aber alles noch ganz frisch und locker.« Sie staunte, wie enttäuscht sie war, dass die heimliche Phase ihrer Beziehung – der sie eigentlich noch ein paar Wochen gegeben hätte – bereits vorüber war.

In diesem Augenblick fuhr Ellery ins Sichtfeld des einzigen Küchenfensters und stieg seitwärts von seinem noch rollenden Rad ab.

»Keine Sorge«, sagte Stephanie. »Wem sollte ich das schon erzählen?«

Sortenespresso

Ellery, der offenbar mit der gesamten Belegschaft von Julias Stamm-Coffeeshop namentlich bekannt war, bestellte einen Flat White für sie und einen Sortenespresso für sich selbst. Der Chefbarista – von dem Ellery unbedingt wissen sollte, dass auch Julia ihn auf ihre eigene, anonyme Weise kannte – erwiderte ihren Gruß und winkte ihren Bezahlversuch ab.

»Wie kommt es eigentlich, dass du jeden kennst?«, fragte Julia, während sie auf ihrem Becher einen Plastikdeckel anbrachte, der erst beim dritten Anlauf richtig einrastete.

»Tja«, sagte Ellery vor der Tür. Er kratzte sich den

Haaransatz und setzte die spöttisch belehrende Küchen-regelnstimme auf, gegen die Julia nie explizit Einspruch erhoben hatte: »Ich bin einfach wahnsinnig beliebt.«

Kann ich dir mal was Peinliches sagen?

»Ja, klar«, sagte sie.

Es war nach Serviceende, nur noch Julia und Nathan waren in der Küche. Sie pochierte gerade fünf Dutzend Eier für den morgigen Brunch.

»Ist nichts Wichtiges«, fuhr Nathan fort.

»Worum geht's denn?« Mit dem Rücken zu ihm schlug sie weiter Eier in eine edelstählerne Rührschüssel auf. »Ich hör dir zu.«

»Ach nee«, sagte er. »Ist nicht so wichtig.«

»Nein, doch, ich hör dir zu.«

»Schon okay«, sagte er. »Spielt keine Rolle.«

Sie drehte sich nach ihm um, eine halbe Eierschale in jeder Hand. Eigentlich hatte sie nicht das Gefühl gehabt, schlecht drauf zu sein, aber vielleicht war sie es doch. »Mann, Nathan. Jetzt sag's halt, oder werd erwachsen. Aber stell dich nicht *so an*. Das ist doch kindisch.«

Lover

Sie aßen Unagi-Spieße in einem würfelförmigen Raum, der bis vor zwei Monaten noch einen Waschsalon beherbergt hatte.

»Ich kann meine alle auswendig aufzählen.«

Ihr gegenübersitzend, rutschte er auf seinem Stuhl herum. »Ach ja?«

Sie trank einen Schluck. »Auswendig und chronologisch.«

Aus Müdigkeit ließ er sich auf die Unterhaltung ein, die sie gern führen wollte. »Schieß los.«

Sie zählte sie alle an den Fingern ab und nannte ihre Namen, fing bei Anthony mit der rechten Hand wieder von vorne an. »David, Aaron, Matt G., Joel, Ezra, Shane, Josh, Daniel, Luke, Anthony, Nick, Tom, Chris, Matt C., Alex.«

»Also gar nicht mal so –«

Sie hob die linke Hand, geballt zur Faust mit ausgestrecktem Daumen. »Plus du.« Sie schämte sich, erinnerte sich wieder, dass sie von früheren, vergleichbaren Gelegenheiten ganz genau wusste, dass ihr Leben es stets darauf abgesehen hatte, sie zu blamieren. Sie hatte nicht nachgedacht, und jetzt fiel Ellery nichts mehr ein. Sie tippte auf den weißen Tisch zwischen ihnen. »Dich frage ich lieber gar nicht erst.«

Wochenmarkt

Auf Ellerys Beharren hin hatten sie sich Samstagvormittag freigenommen, um seine Tochter auf dem Wochenmarkt zu treffen, wo sie handgemachte Haushaltskeramik verkaufte. Der Markt wurde oft unter den Veranstaltungstipps zum Wochenende angeführt und war entsprechend überlaufen; auf dem Weg durch die Standreihen kreuzten sie die Bildwinkel zahlreicher Smartphone-Fotos und -Videos.

Die hauptsächlich bargeldlosen Stände verkauften Streetfood für Feinschmecker, minimalistische Blumengestecke, upgecycelte Möbel, Fairtrade-Backwaren, Modeschmuck, nachhaltige Formwäsche, alternative Milchprodukte, Besteck aus dem 3-D-Drucker, Vintage-Brillen, Laubsägegrußkarten etc.

Julia fühlte sich verpflichtet, jeden einzelnen der Stände im Vorbeigehen kurz zur Kenntnis zu nehmen; den Besitzern wenigstens ein Lächeln zu schenken, das diese meistens erwiderten. Ellery wirkte abwesend, ging langsam, und als sie fragte, ob alles okay sei, murmelte er etwas über Ischias und versicherte ihr dann, alles sei bestens.

Julia bemerkte eine Menge herumtollender Kinder – und eine Menge kleinerer Kinder in Björns und Kinderwagen. Schon irgendwie peinlich, dass die Vorstellung, wie Ellery einen kleinen Schützling umsorgte, ihre häufigste Fantasie mit ihm war; schon irgendwie seltsam, jetzt seine jugendliche Tochter kennenzulernen.

»Wo hat sie gesagt, wird sie sein?«

»Sie müsste –«, sagte er und scannte im Gehen die Stände. »Sie sollte eigentlich –« Aus der Entfernung erst diffus, aber immer klarer, je näher sie ihr kamen, begriff Julia, dass sie Schritt für Schritt auf eine junge Frau zusteuerten, deren Gesichtszüge sich bruchlos auf die von Ellery abpausen lassen würden; bloß ganz leicht die Augen zukneifen, dann trat die Ähnlichkeit noch deutlicher hervor.

Ellery stellte die beiden einander vor, und alle drei umarmten sich über den Tisch hinweg; zwischen ihnen klapperte Keramik.

»Schicker Mantel«, sagte Ellery. »Genau so einen hatte ich auch mal.«

»Pech für dich, dass er mir besser steht.«

»O Mann, das waren Zeiten, als du dich noch über meine Klamotten lustig gemacht hast.«

Mit einiger Genugtuung registrierte Julia die beträchtliche Gewichtsdifferenz zwischen ihr und Ellerys Tochter – und registrierte dann ein schlechtes Gewissen angesichts dieser Genugtuung. »Diese Teller sind echt toll.«

»Oh, danke.«

»Ich mein, die sind echt … toll. Wirklich –«

»Schön, dass wir uns endlich mal kennenlernen. Dad hat schon viel –«

»Finde ich auch, das ist echt –«

» – davon erzählt, wie talentiert du bist.«

»Quatsch. Ich erzähl ihr immer nur, wie mittelmäßig du bist.«

»Ja, genau. Du weißt ja eh, dass er dich –«

»Diese Teller sind so – ich kann gar nicht glauben, *wie* toll die sind.« Entschlossen starrte Julia die Teller an, um ihrem Unglauben Ausdruck zu verleihen.

»Ja, ich versuche schon ewig, deinen Freund zu überreden, einen Stapel davon für sein fake Italo-Restaurant zu kaufen.«

»Erstens ist es nicht mein Restaurant, und zweitens ist es nicht italo, weder richtig noch fake.«

»Dass der Laden dringend mal einen neuen Namen braucht, sag ich ihm auch andauernd.«

»Und drittens bin ich für Geschirr gar nicht zuständig.«

»Wie geht's dir überhaupt? Was macht dein Rücken? Du kamst hier ja angekrochen wie ein alter Mann.«

»Findest du? Meistens geht's – aber heute spinnt er. Wegen der Arbeitsflächen in der Küche; ich muss mich ständig bücken.«

»Hast du heute schon gearbeitet?«

»Nein, aber –«

»Ich glaube ja, das Fahrradfahren schadet ihm noch mehr als –«

»Gehst du noch zum Pilates?«

Ein Miniaturhund, eugenisch daraufhin gezüchtet, die niedlichsten Eigenschaften seiner Rasse zu verstärken, umkreiste Julias Füße. Er atmete, als kriegte er dabei kein bisschen Luft.

»Ist das deiner?«

»Wenn ich Zeit habe, gehe ich hin, ja.«

»Ja.«

»Aber Zeit habe ich nur selten.«

»Wie niedlich!« Der Hund zwängte den Kopf zwischen Julias Waden, sie ging in die Knie und streichelte ihn. »Wie heißt er denn?«

»Ich nenne ihn Kitten, aber ich glaube, er kapiert nicht mal, dass er einen Namen hat.«

»Hi, Kitten! Hi, Kitten!«

Ellery ging in die Hocke und streichelte mit; als er dem Hund kräftig den Bauch kratzte, drehte der sich auf den Rücken und bellte. Wäre Ellery ein Hund, dachte Julia, dann garantiert ein Deutscher Schäfer oder ein Golden Retriever; ein dummer, allseits beliebter Hund mit einem großen Schwanz.

Zum Hund gewandt, aber an Julia gerichtet, erklärte Ellery in Babysprache: »Du kannst ihn nennen, wie du willst. Der Kleine ist so dumm wie Brot.«

»Jetzt kratz ihn doch nicht so, Dad.«

»Warum nicht?«, fragte Ellery. Er kratzte den Hund mit beiden Händen, und der wälzte sich genüsslich und wedelte mit dem Schwanz. »Siehst du? Es gefällt ihm.«

Abschied vom Markt

Über ihnen verdüsterte eine treibende Wolkenbank zusätzlich die dämmrige Dunkelheit des Frühlingsmittags; Ellerys Erwähnung bevorstehenden Regens löste allgemeinen Abschied aus. Ehe sie gingen, kaufte Julia seiner Tochter noch zwei Teller ab – die Transaktion verlief kontaktlos.

Obwohl Ellerys Tochter viel jünger war als Julia, wirkte sie um Längen reifer, angekommener: ihr Hund, ihr Stand, ihr Handwerk. Sie erinnerte Julia an ehemalige Schulkameradinnen, die nach der Schule in ihrer Heimatstadt geblieben und frühzeitig vorbei an großen Lebensmeilensteinen in Erwachsenseins-Stufen gejagt waren, die ihr Alter deutlich überstiegen. Der Gedanke an diese Mädchen machte Julia traurig, also dachte sie gezielt an etwas anderes.

Es bringt mich um

Schon eine ganze Weile vor dem gemeinsamen Entschluss, dass Ellery keine Kondome mehr benutzen sollte, hatte Julia angefangen, eine Kombipille zu nehmen; in puncto Benutzung hatten die beiden Verhütungsmethoden sich also ein paar Wochen überlappt, wenn auch nicht unbedingt, wie Julia wusste, in puncto Wirkung.

Zwei Tage nachdem Ellery zum ersten Mal in ihr gekommen war, erwachte sie frühmorgens mit dem Gefühl einer heftigen Quetschung im Becken; der Schmerz war so stark, dass sie sich den betroffenen Bereich unweigerlich als glühende Zielscheibe vorstellte, bestrahlt von infrarotem oder nachtsichtfarbenem Licht – ein Bild, das sie aus jahrelanger Beeinflussung durch Werbung für rezeptfreie Analgetika übernommen hatte.

Wenn sie sich langsam genug bewegte und flach genug atmete, gelang es ihr fast, den Schmerz wegzudrücken – ihn sich legen und unter die Wahrnehmungsschwelle zerstreuen zu lassen –, doch jeder kleine Aufwand körperlicher Energie ließ ihn augenblicklich wieder in ihrer Mitte zusammenfließen.

Mit zusammengebissenen Zähnen ging sie zur Arbeit, wo es sich auf der Personaltoilette so anfühlte, als urinierte sie eine lange, scharfe Messerschneide. Danach stand sie zu plötzlich auf und musste warten, bis ihr vernebelter Blick sich klärte wie eine beschlagene Windschutzscheibe. Der Schmerz war schwer und dreieckig geworden, und ihre Blase drückte unablässig.

In der Küche – bemüht, ihren Schmerz zu verbergen, und zugleich bemüht, die Mühe zu verbergen, die es sie kostete, ihren Schmerz zu verbergen – holte sie tief und heiser Luft und verkündete Ellery und Owen: »Ähm, Leute, ich will nicht dramatisch klingen, aber ich glaube, ich sollte besser mal zum Arzt.«

Ellery, besorgt: »Alles okay?«

»Ja, nein, alles gut. Bloß –« – später würde es ihr sicher peinlich sein, das in Owens Hörweite gesagt zu haben – »bloß eine Frauensache. Seid ihr – ?«

»Wir kommen schon klar.« Ellery schob ein Blech mit Entenfett glasiertes Gemüse in den Ofen. »Brauchst du – ?«

»Nein, nein, alles gut.« Sie knüpfte ihre Schürze auf und blinzelte sich heiße Tränen aus den Augenwinkeln. Noch einmal holte sie unter Schmerzen Luft, stählte sich und fügte hinzu: »Alles gut.«

HWI

Nachdem sie ihre persönlichen Daten und genauen Symptome in einen Touchscreen eingegeben und das damit verbundene System diese Daten verarbeitet hatte, trat Julia ins Wartezimmer der Ambulanz.

Wie im Theater oder Kino standen dessen Doppel-stühle alle in dieselbe Richtung aufgereiht; Julia wählte einen, der einen kleinen Puffer zwischen ihr und dem nächsten Kranken ließ.

Auf dem Handy las sie mehrere Threads auf Mums-net durch, in denen andere Frauen von ihren Erfahrun-gen mit Blasenentzündungen berichteten; parallel dazu öffnete sie in einem zweiten Tab ein Glossar der ge-bräuchlichsten Abkürzungen auf Mumsnet. Sie erin-nerte sich an zwei oder drei Harnwegsinfekte in ihrer Jugend und war ziemlich sicher, dass der jetzige tau-sendmal schlimmer war.

Ellery textete: »wie läufts x.«

Sie antwortete: »Schreibst du etwa aus der Küche?«

»nein haha aus dem büro.« Dann: »termin gekriegt?«

In ihrem Zustand auf dem Smartphone rumzutippen, machte Julia fast ein bisschen seekrank, aber es tat gut, sich mit einer Störung von außerhalb ihres Körpers ab-zulenken. »Ja.«

»gut. owen macht sich sorgen.«

»Muss er nicht!«

»aber alles ok?«

Sie ballte die leere Hand zu einer laschen Faust und tippte sie sich an die Wange. »Ja.«

Nathan vs. Antibiotika

Zu häufiges Verschreiben von Antibiotika führe dazu, dass einfache Viren antimikrobiell-resistente, hypervirulente Mutationen ausbilden, erklärte Nathan ihr ein paar Tage später. Und der Einsatz von Antibiotika in der Fleischproduktion stelle eine potenziell desaströse Gesundheitsgefahr für die gesamte Menschheit dar.

Wenn er mich in den nächsten fünf
Sekunden ansieht, sage ich ihm heute Abend,
dass ich ihn liebe

Zur Matineezeit schon betrunken und umringt von guten Freunden – oder wie auch immer man gute Kollegen auf der Freundschaftsskala einzuordnen hat –, saßen sie in der hitzelosen Frühaprilsonne um zwei zusammengestellte Tische im Biergarten hinter einem Pub.

Die männlichen Mitglieder der Gruppe tranken allesamt das gleiche fassgereifte Ale aus Pintgläsern; Julia und Stephanie tranken Gin Tonic, serviert in Highballgläsern mit je zwei rot-weiß gestreiften Pappstrohhalmen.

Julia holte eine neue Runde und wollte, nachdem sie die Drinks verteilt hatte, wieder ihren Eckplatz neben Ellery einnehmen, den dieser mittlerweile selbst beanspruchte. »Rutsch mal«, sagte sie, und Ellery entgegnete in ruhigem Monoton: »Zwing mich doch.« Spielerisch trotzig setzte Julia sich auf seinen Schoß, nahm dann aber, als sie die Anpannung in seinen Beinen spürte, ein Stück weiter unten neben Owen Platz.

Stephanie fragte: »Hat irgendwer mal was von Lena gehört?«

»Ich nicht«, sagte Ellery.

Nathan schnaubte. »Ich weiß bloß, dass sie in Berlin ist.« Mentholdunst umwölkte sein Gesicht; kürzlich war er von Zigaretten auf Kartuschen mit einem glyzerinbasierten, Nikotinsalz enthaltenden Sirup umgestiegen, den er aus einem Vaporizer inhalierte, der in Form und Gewicht exakt einem handelsüblichen USB-Stick glich. »Und dass sie in einem veganen Laden arbeitet. Und eine Katze hat.«

»Keine Ahnung, was das soll, ich mein, wir waren richtig befreundet, und jetzt schreibt sie mir seit Wochen nicht zurück.«

»Ja, na ja, sagen wir mal, ich behalte Lena mit einem kleinen Hilfsmittelchen namens ›Internet‹ ein bisschen im Auge.«

Während alle rings um Julia sich weiter unterhielten, stierte die so lang und so betrunken ein Gebüsch an, dass ihr Blick ein wenig zoomte und schwenkte wie in einer Doku von Ken Burns, sich leicht von ihrem Körper löste und wieder damit verband; sie sollte besser bald nach Hause gehen, oder auch zu Ellery. Der Tag hatte all seine Facetten offenbart, und sie saß zufrieden, müde und glücklich im blauen Licht des späten Nachmittags. Längs über den Tisch spähte sie zu Ellery – versuchte vergeblich, seinen Blick zu erhaschen.

Wenn er mich in den nächsten fünf Sekunden ansieht, sage ich ihm heute Abend, dass ich ihn liebe. Eins, zwei, drei, vier.

Ein Code für die Toilette

Am nächsten Morgen kam Julia zu spät zur Arbeit und merkte schnell, dass sie in eine Post-Konflikt-Stimmung eingedrungen war; ein ausgedehntes Schweigen durchhallte die Küche als aktive akustische Präsenz.

»Alles okay bei euch?«, fragte sie nach einer halben Stunde im Kreuzfeuer von Ellerys und Nathans nonverbaler Frostigkeit.

»Alles bestens.«

Statt aus Ellerys Antwort irgendetwas schlusszufolgern, versuchte sie, Nathan zum Lachen zu bringen. »Nathan, weißt du noch, wie der Typ dich angeschrien hat, weil du ihm den Code für die Toilette nicht geben wolltest? Und du so: ›Es gibt keinen Code für die Toilette!‹ Und er hat's nicht geglaubt?«

Nathan nickte halbherzig und schnippelte weiter sein Wurzelgemüse in Streifen.

»Eieiei«, murmelte Julia und fand sich damit ab, den Rest des Tages auf Zehenspitzen um das unausgesprochene Etwas zu schleichen, das zwischen den beiden Männern ablief.

Als Nathan in der Mittagspause zum Dampfen vor die Tür ging, fragte sie Ellery, was los war.

»Würdest du wahrscheinlich eh nicht verstehen.«

»Hm«, sagte sie und wusste nicht recht, was sie sonst hätte sagen können. »Vielleicht ja doch.«

Fusion

Nach Feierabend überredete sie Ellery, mit ihr zum Soft-Launch eines viel gehypten, aber in Wahrheit bloß okayen afrikanischen Fusion-Lokals zu gehen, wo sie auf Tatami-Kissen saßen und jeweils bloß etwa sechs Bissen umfassende Konzeptspeisen aßen, die, wie sie anmerkte, je nur etwa drei Bissen echten Geschmack enthielten. »Außerdem«, sie deutete zur Deckenleuchte, »ist das Licht hier wirklich *grauenhaft.*«

Auf der Suche nach einer Rückenstütze lehnte Ellery sich ein paar Grad auf dem Kissen zurück, erinnerte sich dann aber, als er das Gleichgewicht verlor, an das Design seiner Sitzgelegenheit und beugte sich schnell wieder vor, um den Happen im Mund runterzuschlucken und seinen Drink zu leeren.

Seine nächsten Worte richtete er an die Luft ungefähr zwei Zentimeter links von Julias Gesicht, verkniff sich gerade noch, etwas Schlimmeres zu sagen als: »Meinst du, wenn wir das nächste Mal in ein teures Restaurant gehen, könntest du dir auch mal was anderes einfallen lassen, als mir zu erzählen, wie viele Typen du gevögelt hast, oder an allem rumzunörgeln?«

Kalorienmangel

Wie die meisten Köchinnen und Köche ernährte Julia sich zu Hause von einer minderwertigen Diät aus Wohlfühlessen und schnell Gekochtem, das sie fast ausnahms-

los im Stehen in der Kochecke aß, garniert mit Scham-
gefühlen. Außer wenn sie mit Ellery ausging, aß sie nur
selten das, was »man« oder ihre Mutter ein »richtiges
Essen« genannt hätte.

Qualitätskontrolle

Mitten im Service fragte Ellery, ob er Julias gerade ge-
kochtes Gericht probieren dürfe, und sie meinte, klar.
Statt bloß mit der Gabelseite ein Scheibchen des in But-
termilch gebratenen Schweinemedaillons abzutrennen,
wie er gewöhnlich ihre Arbeit prüfte, spießte er das
ganze Viertelpfund vom Teller und hievte es sich an den
Mund, was Julia zuerst für einen Witz hielt.

Während er das Fleischstück kaute wie ein Pferd, änderte sich seine Miene – und nahm noch diverse andere
Ausdrücke an, bevor er die angebissene Portion zurück
auf den Teller legte und dann einen Klumpen gekautes
Fleisch danebenspuckte, auf den Julia jetzt ihren Blick
richtete.

»Grauenhaft. Geht gar nicht.«

»Wieso?«, fragte sie. »Was ist denn damit?«

»Mach's einfach noch mal.«

»Geht es etwas genauer? Damit ich's diesmal besser
hinbekomme?«

»Mach's einfach noch mal«, wiederholte er. »Ist eben
suboptimal. Ich will hier nicht –«

»Okay, okay«, sagte sie und schob in wütendem Ge-
horsam ein »Jawoll, Chef« hinterher.

»Bist du –?«

»Lass mich einfach kurz in Ruhe.«

»Okay. Wird gemacht.«

Ein paar Sekunden stierte Julia auf den Fußboden, überlegte, ob sie versuchen sollte, sich weiter normal zu fühlen, oder sich doch erlaubte, verstimmt zu sein. Da sie keine sich entfernenden Schritte gehört hatte, nahm sie an, Ellery stehe noch immer hinter ihr. Als sie abrupt kehrtmachte, um ihm zu sagen, er solle sie wirklich einfach in Ruhe lassen, war er zu ihrer Überraschung doch verschwunden.

Wie wir andere und auch uns selbst im Stich lassen

Aufgrund eines interessanten und traumatischen, so dachte Julia manchmal gern, irgendwo in ihrer Vergangenheit begrabenen Ereignisses, das sie noch nicht ermittelt hatte, aber eines Tages finden und auf höchst unterhaltsame, anekdotentaugliche Weise überwinden würde, hatte sie noch nicht gelernt, in privaten Konflikten eine andere Rolle einzunehmen als die einer alkalisierenden Kraft.

Während sie im Stillen versuchte zu erraten, worin genau ihr verdrängtes Trauma bestand – an einem anderen Abend auf dem Heimweg von einem anderen Restaurant, wo Ellery sich erneut über ihr Verhalten beschwert hatte –, kamen ihr ohne Grund die Tränen, und sie entschuldigte sich blanko dafür, was für ein Mensch sie war; wollte ihm erklären, wie schwer es ihr fiel, ihm, wenn er gemein war, in Echtzeit mitzuteilen, was sie fühlte, und aus der lebenslangen Angewohnheit auszubrechen, sich ihre Emotionen aufzusparen, bis sie allein mit ihnen sein konnte.

»Aber ich versuche es! Kommunikativ zu sein. Ich versuche *wirklich*, kommunikativ zu sein!« Erst als sie sich zweimal dasselbe sagen hörte, ging Julia auf, wie betrunken sie war.

»Schon gut. Ich wollte nicht so –« Ellery spreizte sanft die Hand auf ihrem Rücken.

Auf der Höhe der Skyline schien überhell der übervolle Mond, als würde er von innen angestrahlt. Julia wollte wissen, ob an diesem Abend irgendetwas astrologisch Bizarres stattfand, und Ellery meinte, das wisse er nicht. Sie fotografierte den Mond mit ihrem Smartphone, doch auf dem Bildschirm sah er klein und ganz normal aus. »Du musst ihn eben bizarr in Erinnerung behalten«, riet Ellery.

Bis sie zu Hause ankamen, war das Klima zwischen ihnen beinah gänzlich wiederhergestellt; sie liebten einander wirklich, und wie Julia so auf seinem Bett lag, ihm beim Zähneputzen zuhörte und sich die Jeans auszog, erinnerte sie sich an die vielen schönen Stunden mit ihm – und dachte noch einmal an den großen Mond.

Ellery kam rein, knipste das große Licht an, und das Zimmer wirkte augenblicklich kälter.

Bei dem Spiel, erklärte sie, mussten beide Spieler gleichzeitig das erste Wort aussprechen, das ihnen in den
Kopf schoss, und das so lang, bis beide gleichzeitig dasselbe sagten. Sie fragte ihn, ob er bereit sei, und er sagte
Ja.

»Teller«, sagte sie, nickte ihm auffordernd zu.

Kurz darauf sagte er: »Hallo.«

»Okay«, sagte sie, »das war nur ein Test.«

Er schwieg, überlegte sich das nächste Wort.

»Koch«, sagte sie. »Gehen«, sagte er gleichzeitig.

»Raus.« »Leer.«

»Gesicht.« »Mondfinsternis.«

»Mondf – «, sagte sie, dann: »Ah, nein.«

»Tablette«, hatte er gesagt.

»Trick.« »Hände.«

»Tag.« »Füße.«

»Sonne.« »Schuh.«

»Kissen.« »Himmel.«

»Essen.« »Fort.«

»Nacht.« »Betrug.«

»Macht.« »Gehen.«

»Schlacht.« »Ähm –«

»Schicksal.« »Wand.«

»Reden.« »Globus.«

»Mutter.« »Gras.«

»Tisch.« »Fenster.«

»Zuhause.« »Zuhause.«

Eines Mitternachts, als sie allein das Restaurant verließ, kam Julia an drei lachenden, obdachlosen Frauen vorbei, alle drei hübscher und jünger als sie selbst, die, aufrecht in ihren Schlafsäcken sitzend, an den Betonstufen des neu renovierten Gemeindehauses lehnten, das Julia immer nur für Hochzeiten genutzt gesehen hatte.

Aus dem Gefühl einer gewissen Kollateralschuld am harten Leben dieser Frauen heraus – aufgrund der aufstiegsorientierten, mietkostenerhöhenden Anwesenheit ihrer selbst und des Cascine in diesem fast vollständig durchgentrifizierten Viertel – ging sie zurück ins Restaurant und kochte im Dunkeln und mit feuchten Augen drei warme, nahrhafte, risottobasierte Abendessen.

Erst nachdem sie den Frauen die Mahlzeiten gegeben hatte, las sie das wetterfeste PVC-Banner, das schräg an der Stufe hinter ihnen lehnte: *Freiwilliger Sleep-Out. Obdachlosigkeit gibt es auch in Ihrer Stadt – Schauen Sie nicht weg und spenden Sie!*

»Das ist aber nett«, sagte die mittlere der drei jungen Frauen, die mit dem symmetrischsten Gesicht, indem sie den aus der offenen Tupperwaredose steigenden Dampf aufsog. »Sie sind ja buchstäblich ein Engel.«

Im Park, unter Wolken, die derart breit und flach waren, dass sie aussahen wie im falschen Bildformat angezeigt, tranken sie Kaffee auf einer Gedenkbank.

Ellery erklärte Julia seine langfristige Managementvision für das Cascine, zu der gehörte, dass der Speisesaal um etwa zwölf Plätze erweitert werden sollte, ohne deshalb zusätzliche Küchen- oder Servicekräfte einstellen zu müssen, was im Ergebnis auf einen Degressionsgewinn hinausliefe.

Julia war der Meinung, dass diese Idee ihr persönlich nicht genug bedeutete, um sich ernsthaft dafür zu begeistern, doch sie hörte Ellery gern davon schwärmen; schön, dass er so optimistisch in die Zukunft blickte.

»Und dann, was passiert dann?«, fragte sie, indem sie ihren Kaffeebecher schwenkte, als könnte sie so die letzten Tröpfchen darin zu einer kompletten Nachfüllung vermehren.

»Dann bringt das Restaurant mehr ein.«

»Und dann?«

»Dann können wir uns alle freuen.«

»Und dann?«

Abwesend strich er sich über die Schenkel. »Dann weiß ich auch nicht.«

»Ich mache mir Sorgen, dass ich meinem Partner weniger bedeuten könnte als er mir.«

»Wie waren noch mal die Optionen?«

»Stimme voll zu, stimme eher zu, weiß nicht, stimme eher nicht zu, stimme gar nicht zu.«

»Du denkst garantiert, ich sage ›stimme gar nicht zu‹.«

»Ich stelle nur die Fragen.«

»Weiß nicht.«

Sie verdrehte die Augen auf eine Weise, die er nicht nicht bemerken konnte, und wählte das mittlere der fünf Optionsfelder. Seltsam, wie unmöglich es war, nach so einer Wahl je zu dem Zustand zurückzukehren, in dem man noch nicht gewählt hatte. Man konnte sich zwar umentscheiden oder seine Antwort korrigieren, aber nie mehr zu dem Leben voller purem Potenzial zurück, in dem man sich noch nicht der limitierten Logik der Antwortmöglichkeiten eines Fragebogens unterworfen hatte.

»Okay, nächste Frage: Ich tue alles, was mein Partner will.«

Er überlegte. »Noch mal die Optionen, bitte.«

»Stimme voll zu, stimme eher zu, weiß nicht, stimme eher nicht zu, stimme gar nicht zu.«

»Stimme eher zu.« Die Luft zwischen ihnen schien verändert. Er sah sie an. »Was?«

»›Ich tue alles, was mein Partner will.‹ Das ist die Frage.«

»Ja, hab ich verstanden, und ich stimme eher zu.«

»Okay«, sagte sie und wählte das entsprechende Feld. Sie überlegte, ob sie aussprechen sollte, was sie dachte.

»Außerdem war das keine Frage«, sagte er, »sondern eine Aussage.«

Die Nachricht

Wussten Sie schon, dass Nachrichten von Nicht-Freunden im Chatsystem von Facebook in einen separaten Inbox-Ordner mit dem Titel »Nachrichtenanfragen« gefiltert werden, Ihrer Privatsphäre und Sicherheit zuliebe? Und dass man für solche Nachrichten keine Push-Benachrichtigungen erhält, weil sie meistens nur von Spam-Accounts stammen?

Julia war spät auf, wartete auf ein geplantes Facebook-Gespräch mit ihrer Schwester, die acht Stunden in der Zukunft lebte: Ortszeit Indochina. Gleichzeitig absorbierte sie Informationen aus verschiedenen Quellen; las einen langen Artikel, während sie sich Kleidungsstücke ansah und sich vorstellte, sie anzuhaben.

Eher aus Langeweile als aus echter Neugier klickte sie sich von der normalen Inbox ihres Messengers (vorbei am Namen ihrer Schwester und dem grauen Punkt, der sie als offline anzeigte) in den Ordner fremder Nachrichten.

Als sie die Chatanfragen öffnete – zum ersten Mal seit über einem Jahr –, wurde sie dort von einer Warteschlange aus drei ungeöffneten Chats empfangen. Zwei stammten offenbar von Fakeaccounts, die Gutschein-codes für billige Ray-Bans anboten, der dritte von Lena.

Der Verlauf der von Lena erhaltenen Nachrichten erstreckte sich knapp fünfzehn Zentimeter über Julias Laptopbildschirm, verteilt auf vier graue Textfelder mit abgerundeten Ecken. Die Zeitangaben neben den einzelnen Nachrichten zeigten an, dass sie innerhalb eines fünfminütigen Zeitraums zwischen 02:21 und 02:26 an einem Freitagmorgen vor zwei Monaten gesendet worden waren.

»Hallo, Julia!«, lautete die erste Nachricht. In der zweiten stand: »Ich hoffe, dir gehts bestnes«, in der dritten: »ups«, und in der vierten: »Ich hoffe, dir gehts bestens. Ich wollt dich nur bitten, dass du deinem Junkystalker-Boyfriend sagst, dass er nicht dauernd schreiben und anrufen und mir nicht mehr auf den Sack gehen soll. Ich hab ihn überall geblockt und der cehkts einfach nicht bitte sag ihm, er und sein fucking Leben sind mir scheißegal, und wenn du schlau bist, verziehst du dich bessr auch. Ich hab's zu spät gerafft, aber der ist echt psycho. Du wirkst okay, und es tat mir echt leid zu hören, dass der dich in seinen abgefuckten Scheiß reingezogen hat. Falls du auf ein Warnsignal gewartet hast: hier ist es.«

Julia starrte die Nachricht so lange an, dass sie, als sie sich schließlich abwandte, ein Nachbild davon über ihrer unmittelbaren Umgebung sah.

Es fiel ihr schwer, das Gelesene zu bezweifeln. Lange dachte sie über Ellery und Lena nach. Über Ellerys serielles Interesse an jungen Mitarbeiterinnen; sie fragte sich, wo Lena jetzt war. Und nach einigen Stunden solcher Gedanken, nach einigem Hin und Her allein im Dunkeln, beschloss sie, die Nachricht schlichtweg nicht gelesen zu haben.

Julia wird von einem Anruf geweckt

»Erzähl mir sofort alles über diesen Typen, mit dem du zusammen bist, sonst erzähl ich Ma alles, was ich schon weiß.«

»Hä, was?«

»Bist du wach?«

»Nein. Also, du hast mich geweckt. Aber ich habe keine Ahnung, von welchem ›Typen‹ du redest.«

»Von dem, dem Margot demnächst wohl mal Miete abknöpfen muss, meinte sie.«

»Bitte? Er hat höchstens dreimal hier geschlafen!«

»Ha, erwischt! Ich wusste doch, dass da was läuft!«

»Oh.«

»Ich hab's gerochen! Und ich hatte recht!«

»Du Schlitzohr.«

»Sogar von der anderen Seite der Erde aus hab ich das gerochen. Ich spüre so was *immer*.«

»Du hast mich reingelegt.«

»Wie heißt er denn?«

»Bitte, vergiss es einfach. Ist sowieso nichts Ernstes.«

»M-hm, dreimal übernachten klingt aber schon ziemlich –«

»Ist grade echt kein guter Zeitpunkt. Hat Margot dir von ihm erzählt?«

»Nein, ich hatte bloß so eine Ahnung. Aufgrund der Indizienlage, sozusagen. Zum Beispiel: Wo warst du gestern Abend? Ich hab online auf dich gewartet.«

»Entschuldige, ich war echt total müde.«

»Tja, na ja, müde sind wir doch alle. Liegst du jetzt im Bett?«

»Ja.«

»Faulpelz.«

»Und wo ist dein Zukünftiger?«

»Wandern. Mit einem Sherpa. Ist hier Pflicht. Anscheinend hat sich letzten Monat einer ohne Sherpa im Wald verlaufen, und man hat ihn erst zwei Wochen später gefunden. Weil er nämlich tot war.«

»O Gott.«

»Genau. Verhungert.«

»Wie spät ist es bei euch?«

»Oder erfroren. Aber ich hab gehört, sogar die Sherpas erwischt's hier manchmal. Es ist … keine Ahnung. Nachmittag.«

»Hier ist es sechs Uhr früh. O Mann.«

»Tja, das hast du jetzt davon, ein sorgfältig geplantes Messengerdate zu verpennen; dann gibt's eben einen mies getimten Weckruf. Welchem Promi sieht dein neuer Freund am ähnlichsten?«

»Bitte, lass gut sein.«

»Okay, okay, wir müssen nicht drüber reden. Aber fehl ich dir?«

Wie zu erwarten war, verhielten sich Julias Chancen, nicht an Lenas Nachricht zu denken, umgekehrt proportional zur Intensität ihrer Mühen, nicht an sie zu denken. Gedanken an die Nachricht wurden ungewollt zu Nebengedanken jedes Hauptgedankens an Ellery.

Im Gegensatz zu anderen hartnäckigen Gedanken, denen sie in der Vergangenheit widerstanden hatte und die sich leicht durch Ablenkungen hatten ausblenden oder mit Beschäftigungen verscheuchen lassen, hielt sich die Erinnerung an Lenas Nachricht auch nach Wochen konzertierten, multimethodischen Verdrängens.

Ab und zu – und das machte es noch schlimmer – trieb sie sich auf Lenas Facebook-Profil herum, laut dem diese offenbar wirklich in Berlin lebte und gerade in die deprimierende Endphase eines herauswachsenden Haarschnitts eingetreten war. Sollte Julia ihr antworten? Aber was wollte sie ihr überhaupt sagen?

Mehrmals, beim Essen, im Bett und bei der Arbeit, überlegte sie, Ellery auf die Sache anzusprechen. Einmal, in der Pause, saß sie eine ganze halbe Stunde (etwas theatralisch) weinend im beengten, vorzimmerartigen Büro des Cascine, wo Ellery sein Fahrrad parkte und Nathan zwischendurch immer seine Extraschicht Deo auftrug, und wartete darauf, dass jemand sie entdeckte und sich freundlich erkundigte, was sie denn habe. Doch keiner fand sie, niemand kam sie suchen. Vermutlich hatte sie sich schlicht zu gut versteckt.

Fünf Seelen befanden sich im Restaurant, allesamt Mitarbeiter. Ellery, Nathan und Julia bereiteten in der Küche den Mittagsservice vor, während an der Theke eine relativ neue Servicekraft eine andere ebenfalls relativ neue Servicekraft in die Software des Kassensystems einwies.

Julia nahm ein breitklingiges, vor Wochen zum letzten Mal professionell geschärftes Santoku-Messer aus seiner geschützten Position im Messerblock – etwas stumpf für ihren Geschmack, aber immer noch brauchbar für die Aufgabe, eine auftauende Kalbsrippe in Koteletts zu zerteilen. Mit der Hand auf dem Klingenrücken übte Julia zusätzlichen Druck auf die Schneide und das harte Fleisch aus. Unter diesem Druck kippte die Klinge leicht zur Seite; das Messer rutschte ab und Julia dann völlig aus der Hand, schlitterte über die Arbeitsplatte auf Nathan zu.

»Scheiße«, knurrte Julia. »Das ist ja praktisch stumpf.«

»Ruf den Schleifer an«, sagte Nathan. »Ist eh überfällig.«

»Nein«, widersprach Ellery, »der kommt nächsten Monat. Die Messer sind gut. Pass einfach besser auf. Alles eine Frage der Technik.«

»Mhm.«

»Und ehrlich gesagt«, fuhr Ellery fort, »wenn du die Rippe länger hättest tauen lassen –«

»Du verteidigst immer die Sache, nie mich.«

»Was?«

»Wenn mich was stört, verteidigst du immer automatisch die Sache, die Institution, die Regel, ganz egal. Nie hältst du zu mir.«

»Warum sollte ich zu dir halten, wenn ich genau weiß, dass du falschliegst?«

»Weil es dir gar nicht um richtig oder falsch geht. Du genießt es einfach, mich rumzukommandieren oder zu belehren.«

»Seltsam. Du meinst also, ich führ mich auf wie dein Chef?«

»Ja, das findest du lustig, ich weiß, aber ganz ehrlich: So fühle ich mich; vor allem außerhalb der Arbeit. Wie du mich in letzter Zeit behandelst, könnte man fast meinen, du kannst mich nicht leiden.«

»Da ist was dran.«

»Nathan, bitte –«

»Sag's halt einfach«, setzte Julia nach und wartete, bis Nathan aus der Küche war. »Magst du mich überhaupt noch?«

»Wann soll ich denn bitte eine Sache verteidigt haben?«

»Grade eben erst«, entgegnete Julia, sah demonstrativ zum Messer, dann wieder zu Ellery.

»Und wann bitte noch? Hast du auch nur *ein* richtiges Beispiel?«

»Magst du mich noch oder nicht?«

»Also wenn der ganze Streit, den du hier vom Zaun

brichst, auf einer Behauptung beruht, die du nicht mal belegen kannst –«

»Darum geht es nicht, Ellery.« Auch wenn sie noch nicht richtig schrie, erklomm sie doch bereits die unteren Stufen der Schreiskala. Sie sah sich um, ob das Servicepersonal zuhörte, was es auch tat, und veranlasste es dadurch, schnell wieder beschäftigt auszusehen.

»Nenn mir nur ein einziges anderes Beispiel.«

»Letzte Woche«, sagte Julia, nicht als richtige Antwort, aber um wenigstens irgendetwas gesagt zu haben.

»Letzte Woche?«, fragte Ellery. »Was war denn letzte Woche?«

Ein Geräusch vom wandmontierten, gesundheitsamtkonformen elektrischen Insektenvernichter meldete die Beseitigung einer ausgewachsenen, vom steten Schein der ultravioletten Leuchtröhren des Geräts angelockten Stubenfliege.

Julia sagte, sie wisse es nicht.

Gelassenheitsgebet

Einige Abende später, es war dunkel, wischte Julia allein in der Küche den Boden – was Owen zwar angeblich, aber offenbar nicht wirklich schon getan hatte. Sie konzentrierte sich besonders stark darauf, was sie tat, um nicht daran zu denken, was sie fühlte.

Schaum von in Wasser aufgelöstem Bodenreiniger zerging unter den Sohlen ihrer Crocs. Sie drehte sich um, betrachtete die crocförmigen Fußabdrücke, die sie auf dem trocknenden Boden hinterlassen hatte. Sie entfernte sie und ging quer durch die Küche, um einen anderen Bereich zu wischen – und hinterließ auf dem Weg dorthin erneut Abdrücke auf dem bereits geputzten Boden.

Das Problem an ihrer Technik war, dass sie im Kreis wischte: In der Mitte eines schmutzigen Bereichs stehend, wischte sie den Boden um sie herum, der in Reichweite des Feudels lag. Ihr ging auf, dass eine professionelle Reinigungskraft, um optimale Bodenabdeckung zu erzielen, ohne in bereits saubere Bereiche zu treten, wahrscheinlich in Streifen feudeln würde – rückwärts gehen und den Boden vor sich wischen, um alle Spuren ihrer selbst gleich mitzutilgen.

Das Geheimnis effektiven Feudeltrocknens ist, die vollgesogenen Stofffetzen erst einzudrehen, bevor man sie in den eingebauten Auswringer am Eimer drückt. Auf den Seiten beider Instrumente des Discountersets aus Eimer und Feudel, das Julia benutzte, prangte das Wort »Turbo«. An ihrem alten Arbeitsplatz hatten sie einen modernen Edelmarken-Feudel eingesetzt, den man mit einzeln erhältlichen Mikrofaserlappen bestücken musste und der über einen integrierten Sprühmechanismus verfügte.

Nachdem sie ihn womöglich etwas zu kräftig ausgewrungen hatte, tunkte sie den Feudelkopf ins mittlerweile trübe schiefergraue Putzwasser. Als sie dann mit der unerwartet leichten Feudelstange eine Acht durch das Wasser schwang, um so viel wie möglich davon aufzunehmen, merkte sie – an der Schwerelosigkeit der Stange –, dass der fest montierte Kopf im Eimer abgebrochen war.

Nur um sich zu bestätigen, was sie schon wusste, stocherte sie mit der Stange im Wasser nach dem untergegangenen Feudelkopf – den sie auch sofort fand –, ehe sie das nasse, jetzt kopflose Ende über die schlierige Wasseroberfläche hob.

Um den Feudelkopf zu bergen, würde sie die Hand in die stehend graue Brühe voller Küchenschmutz tauchen müssen. Der Gedanke ließ sie die Feudelstange quer über den Küchenboden speerschleudern, eine Handlung, deren Tempo und Gewalt ihr gleich danach völlig gestört vorkamen.

Wie sie so auf den Eimer und die daliegende Stange blickte, juckte es sie plötzlich am gesamten Körper; sie ertrug nicht einmal die Berührung ihrer Kleidung. Sie wollte bis in alle Ewigkeit schreien und zugleich nie mehr im Leben auch nur einen Mucks von sich geben. Sie versuchte es mit dem Gelassenheitsgebet, doch Frust und Wut waren zu groß; Schluchzer durchschüttelten sie wie trockenes Kotzen. »Scheiße scheiße scheiße scheiße.«

Alles in Ordnung

Das Schlimmste war: Sie war so gut darin zu tun, als wäre alles in Ordnung, dass es ihr fast schien, es wäre wirklich alles in Ordnung.

Nach außen hin schien ihre Beziehung sich zu erholen, stärker zu werden – Ellery entschuldigte sich für seine Bissigkeit in letzter Zeit, und Julia erfand ebenfalls Gründe, sich zu entschuldigen.

Tage und Abende verliefen wie normal: zusammen arbeiten, zusammen freizeiten, eine scheinbar endlose Prozession kleiner Portionen in urbanen Restaurants.

Innerlich kam ihr die Trennung zugleich unvermeidlich und unmöglich vor. Sie wusste, dass sie es tun musste – aber auch, dass sie es vielleicht nie tun würde.

Wenn sie sich unterhielten, brachte sie nur Nettigkeiten heraus. Sie war so bemüht um ihn, dass er sich bestimmt wie im siebten Himmel fühlte.

Eines Abends, auf einem Spaziergang, nahm er ihre Hand und schwang sie in übertriebenen Bögen vor und wieder zurück; sie lachte widerwillig.

»Schön«, sagte er und lachte mit. »Wir haben Spaß.«

Geld

Als vorbeugende Maßnahme gegen die eigene Verelendung hob Julia das Minimum an Bargeld ab, das sie brauchen würde, um die nächsten Wochen zu überstehen – ihr Kontostand unterschritt damit deutlich den Betrag, den sie Margot demnächst für die Miete schuldig wäre.

Am vorletzten Tag des Monats rief sie ihre Mutter an, um finanzielle Hilfe zu erbitten – was sie grundsätzlich lieber vermied, außer es handelte sich um einen echten Notfall.

»Hi, Ma.«

»Liebling! Einen Moment.« Die Stimme ihrer Mutter klang zugleich laut und weit entfernt.

Nachdem sie im Kopf bis zehn gezählt hatte, fragte Julia: »Ist alles okay?«

»Wie *geht's* dir?«

»Gut. Ist alles okay?«

»Alles prima! Nur etwas beschäftigt, ich sitze im Auto.«

»Ich kann auch später –«

»Nein, ich mein, ich bin beschäftigt mit fahren, nicht beschäftigt-beschäftigt. Wie läuft's in der Welt der Haute Cuisine?«

Und Julia, der das Wort »Haute Cuisine« sonst sterbenspeinlich war, sagte: »Gut, danke. Du, Ma, ich muss dich um einen Geldgefallen bitten.« Sie sah die Hände ihrer Mutter auf zehn vor zwei am Lenkrad vor sich – ihre korrekte Fahrhaltung. »Bist du noch da?«

»Ja, ich bin noch da.«

»Passt es dir gerade, darüber zu reden?« Ohne Bestätigung dafür zu brauchen, spürte Julia ihre Mutter in der Ferne den Kopf schütteln. »Sonst können wir auch später schreiben.«

»Ich wünschte, ich hätte dir besser beigebracht, wie man mit Geld umgeht.«

»Ma.«

»Du bist genau wie deine Schwester. Willst immer nur das Beste und Schönste. Hast keine Ahnung, wie man sich sein Geld einteilt. Ein Polster anspart.«

»Ich frage nur, weil –«

»Deine Schwester meldet sich ja überhaupt nur noch, wenn sie mal wieder Geld braucht.«

»Ich wusste nicht –«

»Ach, woher auch! Du hast ja keine Ahnung, wie schwer ich's habe und wie leicht du es hast.«

»Ma, ehrlich. Es tut mir leid, ich –«

»Sag einfach, wie viel du brauchst, und ich überweise es dir. Aber das ist dann das letzte Mal für eine Weile. Du bist alt genug, um mit deinem Geld erwachsen umzugehen.«

Ein Restaurant irgendwo anders

Eines halbwegs ruhigen Vorsommermorgens, auf dem Weg zur Arbeit, kam Julia zu dem Schluss, dass sie ihr Leben drastisch ändern musste, sofern sie es noch weiterleben wollte. So konnte es nicht weitergehen.

Anfangs bekam sie den Gedanken nur schwer klar. Vielleicht könnte sie ja doch mit ihm zusammenbleiben, bis sie eine neue Stelle hätte? Aber nein: Wenn sie diese beiden Qualen schon durchstehen musste, dann doch lieber unerträglich und auf einmal statt unnötig hinausgezögert. Nur die Hälfte von dem zu tun, was sie tun musste, wäre kein echter Schritt nach vorn. Irgendwann – aber nicht heute – würde sie kündigen und zugleich mit Ellery Schluss machen.

Aber warum eigentlich nicht heute? Wenn man zu lange wartet, verliert man nur den Antrieb.

Aber wie kann man sich sicher sein? Das ist man sowieso nie.

Aber ihr Lebensbereich war klein, beschränkte sich auf peinlich wenige Schauplätze und handelnde Figuren, die sie fast ausnahmlos mit Ellery gemein hatte – denk nur an den Aufwand, dieses Leben wegzuwerfen und von vorne anzufangen. Denk nur daran!

Im Park kommunizierten Bäume, die sie vorher niemals groß beachtet hatte, stumm über ein im schadstoffbelasteten Boden verlegtes Internet unterirdischer Mykorrhizen. Sie schrak vor der flachen Flugbahn eines Vogels zurück, dessen tatsächliche Kollisionswahrscheinlichkeit mit ihrem Kopf sie aus der in Letzterem beherbergten Ichperspektive kaum objektiv ermessen konnte. Ein paar Teenager gespensterten auf Segways vorüber – lachten über etwas, als sie Julia überholten, womöglich über ihre Überreaktion auf den Vogel.

Von ihren Gefühlen oder vom Wind oder vielleicht auch von beidem, tränten ihr die Augen; die Tarnfarben des Parks flackerten auf und verschwammen.

Hatte sie den Gedanken fortzugehen bisher stets nur vage und im Futur formuliert – meistens verflog er so schnell, wie er gekommen war –, schien es ihr an diesem Morgen, als wäre sie aus einer ganz neuen, alles verändernden Richtung auf ihn gekommen; als hätte eine nicht sofort erkannte Nebenstraße sie an einen vertrauten Ort geführt. Konnte es wirklich so einfach sein? War das tatsächlich möglich?

Ganz pragmatisch – indem sie ihre Emotionen mit

den entsprechenden Tatsachen abglich – skizzierte sie eine gedankliche Version dessen, was sie sagen musste und wie sie das am besten tat. Einfach bei der Wahrheit bleiben: »Ellery, ich –«, und so weiter.

Vielleicht am besten bis zum Schichtende warten? Nein, sie würde den Tag nie überstehen, ohne sich etwas anmerken zu lassen. Vielleicht könnte sie sich heimlich davonmachen, einfach in Luft auflösen? Nein, das wäre doch verrückt.

Das Geld von ihrer Mutter würde sie über Wasser halten, bis sie eine neue Stelle hätte. Sie würde ein Restaurant irgendwo anders finden, einen Ort für einen Neuanfang.

Erst jetzt bemerkte sie, dass sie in Gedanken dem kreisförmig angelegten Weg rings um den Park weiter gefolgt war, nachdem sie den Ausgang bereits erreicht hatte. Sie machte kehrt und steuerte geradewegs auf das Cascine zu, hielt sich aber von dem Radweg fern, auf dem Ellery manchmal zur Arbeit fuhr.

Kurz vor dem Restaurant kamen ihr Zweifel an ihren Motiven. Nahm sie etwa bloß wieder Reißaus wie immer, wenn der Lack von einer neuen Beziehung abgekratzt war, und wiederholte damit nur ein altes, schlechtes, womöglich sogar toxisches Muster? Nein, das hier war etwas anderes – eine klare Grenze des Vertrauens war verletzt worden.

Als sie auf das niedrige, halbhistorische Gebäude zuging, in dem sich das Cascine befand, überkam sie zunehmendes Grauen, unterlegt von ihrer üblichen Grundangst. Lieber Gott, wenn du mir das nicht allzu schwer machst, werde ich buchstäblich mein ganzes Leben lang an dich glauben.

Und da war er, fast zum Greifen nah, von draußen bereits drinnen zu sehen, noch ehe Julia dafür bereit war; er saß allein an einem Fenstertisch inmitten einer absinkenden Staubwolke, bestrahlt von einem Balken hochauflösenden Frühmorgenlichts; der Mensch, den sie liebte, oder der, der einen Menschen spielte, den sie liebte.

Sie öffnete die Milchglastür des Restaurants – ein Schwall Sonne blondierte den Speisesaal –, trat hinein und schloss sie wieder, machte sich bereit, ihre Gedanken zu Taten zu befördern. Nie wieder werde ich über diese Schwelle treten. Keinen Tag länger werde ich in deiner winzig kleinen Vorstellung von mir verbringen.

Er saß über Papierkram, hatte Julia noch gar nicht bemerkt; der Kopf leicht angekippt in einem Winkel, der die kinderhandgroße kahle Stelle am Hinterkopf offenbarte; die Miene ausdruckslos, blank wie die Innenseite einer Maske.

Bei seinem Anblick flaute ihre Wut zu etwas Sanfterem ab; ein Signal, das sie eben noch deutlich wahrgenommen hatte, wurde rasant schwächer.

Eines halbwegs ruhigen Vorsommermorgens hätte sie bis ans Ende ihrer Tage in der Tür verharren können, ohne dass er jemals aufgeblickt hätte. Nicht, ohne dass sie sich bemerkbar machte, seinen Namen sagte. Vier, fünf Schritte trennten ihren Körper von seinem;

das breite, natürliche Licht, das den Raum erfüllte und von diversen Flächen grell zu ihr zurückblitzte, war ihr beinahe zu viel. Und während sie dort stand und ihn betrachtete, darauf wartete, dass der aktuell von ihr besetzte Augenblick dem nächsten wich, fühlte sie sich – hm, wie sollte man das nennen? Verändert.

BESSER ALLEIN

Ich sah zu, wie die Stadt vorüberglitt, wie die Hochhäuser schamrot verschwommene Flugzeugwarnlichter in den glasigen Abendnebel blitzten. Manche der Wolkenkratzer sah ich als meine persönlichen Erzfeinde an; die behielt ich gut im Auge, bis mein Waggon in den Tunnel einfuhr, in dessen Finsternis mein Gesicht und die grimmige Miene darauf plötzlich im Fenster gegenüber auftauchten, meine Spiegelung vom leicht konvexen Glas um einen Meter lang gezogen.

Mein Wagen wackelte; mir wurde übel von der Turbulenz. Ich presste die Schenkel fester um eine geklaute Flasche Supermarkt-Rosé und spannte, als mir wieder einfiel, dass ich dazu in der Lage war, meinen Beckenboden an.

Erst jetzt, wo ich fast da war, fiel mir auf, dass ich Teddy vielleicht besser texten sollte, dass ich käme, zumal ich auf die Einladung während der letzten Wochen gar nicht reagiert hatte.

»HBD ted! würde vorbeikommen wenn okay? julia oder roos auch da?« Die Nachricht ging gleich nach dem Tunnel raus.

Sofort tauchte ein pulsierendes graues Oval links

unten auf dem Display auf und kündigte Teddys Antwort an. Ob das hieß, dass sonst noch keiner da war? »Danke!«, schrieb er. Und dann: »Heute Abend?«

Ich zögerte, dann schrieb ich: »yep zu deiner party. glaube ich schaffs, wenn noch ok?«

»Dachte du kommst gar nicht!«, antwortete er, dann: »Ja R ist da, Julia muss morgen früh raus, schaffts«, dann: »Nicht! Freu mich!!« Dann: »Dachte nur du kommst gar nicht!« Dann: »Bis gleich«, gefolgt von einem unentzifferbaren Bilderrätsel aus Emojis.

»super«, antwortete ich, »nur wenns wirklich passt.«

»Kalr ich freu mich dachte nur du kommst nicht!! Freu mich dass du dich umentschieden hat.«

»360 grad wende, bis gleich«, tippte ich, las noch mal drüber, ersetzte »360« durch »180« und drückte auf Senden.

Teddys Eltern wohnten in einem vermögenden, zitadellenartigen Speckgürtelbezirk, dessen laubige, gleichmäßig geteerte Straßen zusätzlich durch Ladestationen für Elektroautos und Anti-Obdachlosen-Architektur bereichert wurden. Ich stieg aus dem Zug, schlüpfte hinter einem Rentner durch ein Drehkreuz, und das Viertel empfing mich mit Premiumstille und privaten Ansichten des nicht lichtverschmutzten Nachthimmels.

Der Algorithmus meiner Karten-App berechnete einen fünfzehnminütigen Fußweg, den ich definitiv schneller schaffen würde. Ich verfolgte den blauen, mein virtuelles, trilateriertes Ich darstellenden Punkt, der durch eine maßstabsgetreue Wiedergabe meiner Umgebung aus der Vogelperspektive glitt. Als ich ein Stück rauszoomte, um meine Position zu kontextualisieren, erschien der nicht gepufferte Bereich jenseits des bereits geladenen Gebiets als unkartierte beigefarbene Fläche, gerastert mit etwas dunkleren beigen Linien. Ich steckte das Handy weg und ging ohne Routenführung weiter.

Obwohl ich schon drei-, viermal im Haus von Teddys Eltern gewesen war, konnte ich mich nicht mehr recht erinnern, wo es lag. Äußerlich wiesen die Neubauten der Gegend alle dieselben prominenten Erbmerkmale auf: Zedernverschalung, Erkerfenster aus Aluminium, Haustüren mit langen, vertikalen Griffen.

Nach einer Stunde, in der ich lauwarmen Rosé getrunken hatte und durch ununterscheidbare Sackgassen gekreist war, erreichte ich die Auffahrt eines Hauses, das ziemlich sicher das von Teddys Eltern sein musste.

Als ich vor zwei Teddy-Geburtstagen das letzte Mal über diesen Kies gestapft war, hatte ich das lächelnd und Hand in Hand mit Julia getan. Kurz schweifte ich in einen Gedankenstrom über all die schönen Dinge ab, die mir an ihr fehlten, dann riss ich mich zusammen; verarbeitete die Erinnerung.

Ich merkte, dass ich nicht mehr ging, und tat es wieder. An der Haustür hielt ich kurz inne, ehe ich anklopfte, und rief mir einen online gelesenen Ratschlag darüber ins Gedächtnis, wie man seine Beliebtheit bei anderen maximieren konnte – Studien zeigten, dass man echtes Selbstbewusstsein durch dessen Imitation nachbilden konnte. Ich hauchte mir in die Hand und roch daran.

Niemand kam an die Tür, die aber, nach einem zweiten Klopfen, von selbst ein Stückchen aufging.

In der riesigen Halle, die der Hausflur war, quatschten, lachten und pseudotanzten so um die zwanzig Leute in Vierer- und Fünfergrüppchen – etwa genauso viele goldene, sternförmige Ballons hüpften unter dem fernen Oberlicht. Unbemerkt trat ich in die Party.

Ich war umringt von Leuten, die ich nicht erkannte, die aber – Akzent und Kleidung nach zu schließen – wohl Teddys dynastisch reiche Privatschulfreunde waren. Die meisten sahen gut aus oder kompensierten ihr Aussehen durch gute Kleidung.

Von den schallharten Oberflächen des Flurs hallte ein Four-to-the-Floor-Beat aus dem Wohnzimmer wider, auf das sich zusammen mit der Küche – nach einem Blick durch beide Türen – geschätzt weitere zwanzig Gäste verteilten. Möglichst unauffällig durchquerte ich erneut den Flur, erkannte immer noch kein Schwein und zückte mein Handy.

Ich textete Teddy, textete Roos und umklammerte mit der handyfreien Hand den schlanken Hals meiner Roséflasche. Nachdem die Nachrichten verschickt waren, behielt ich das Handy in der Hand, als Requisite, um die Illusion meines reichhaltigen Innenlebens zu stützen; als Indiz dafür, dass ich ebenfalls auf locker vierzig Freunde kam, auch wenn keiner davon hier war.

Schließlich steckte ich das Smartphone weg, drehte noch mal eine Runde durch den Flur und ging dann – die annehmbaren räumlichen Grenzen eines Partygasts überschreitend – nach oben.

Beim Urinieren ins Waschbecken – ein maladaptiver Coping-Mechanismus, den ich als Kind entwickelt hatte, damit meine Eltern mich nachts nicht aufs Klo gehen hörten, und den mir dank zwei Jahrzehnten erfolgreicher Geheimhaltung bis heute noch keiner abbeschämt hatte – widerstand ich befriedigt der Verlockung meines Smartphones. Ich hatte mich mitten in der unbewussten, den Griff zum Gerät einleitenden Hand-zu-Tasche-Bewegung ertappt und kam mir jetzt schlauer vor als alle früheren Versionen meines Ichs, die diese Verhaltensschleife nicht bemerkt und unterbrochen hatten.

Als Belohnung für meine Willensstärke zog ich das Handy aus der Hosentasche und checkte meine üblichen Social-Media-Seiten; meistens tat ich das auch, um nachzusehen, ob Social Media immer noch so kacke war, wie ich es in Erinnerung hatte, was sich ausnahmslos bestätigte.

Während ich durch Teddys Insta-Storys skippte, poppte eine Nachricht von Roos auf: »Kommst du auch?? Wann??«

Ich legte mein Handy neben das Waschbecken, während ich mir die Hände mit Luxusseife wusch und mit einem vom Handtuchhalter angewärmten Handtuch trocknete. Dann trank ich den restlichen Rosé aus und rülpste stabile drei Sekunden lang.

Im grellen Licht, das ich mich nicht erinnerte angeschaltet zu haben, schaute ich in den Spiegel des Schlafzimmerbads von Teddys Eltern. Inzwischen war ich betrunken genug, dass mein Blickfeld an den Rändern angenehm verschwamm. Stumm staubte ich mir einen leichten Schuppenschleier vom Kragen und den Schultern meines schwarzen Sweatshirts.

Das Bad roch nach Rosé und Sandelholzzerstäuber, und aus mir selbst unerfindlichen Gründen googelte ich das Wort *Sandelholzzerstäuber*. »Wow«, sagte ich. Gar nicht mal so teuer.

Unten nahm ich wieder meine Einzelgängerpose ein und blieb dem Individuengeflecht der Gäste gegenüber ein Fremdkörper.

Auf dem Weg zur Küche, wo mutmaßlich die Getränke lagerten, umarmte mich plötzlich jemand von hinten. Immer noch umarmt, drehte ich mich um, und Teddy schrie mir meinen Namen ins Ohr. Ich umarmte ihn zurück, und er verkündete in Zimmerlautstärke, wie sehr er sich freue, mich zu sehen.

Ich gratulierte ihm zum Geburtstag, war kurz verlegen, weil ich kein Geschenk hatte, und log dann: »Gut siehst du aus, echt.«

In Wahrheit sah Teddy mieser aus als je zuvor, echt. Nicht bloß mieser, sondern fetter – nicht bloß fetter, sondern kränker. Sein jochbeinloses, milchproduktweiches Gesicht war blasser; seine semisolide Bauchregion voluminöser und gesetzter.

Offenbar hatte Teddy – ein Jo-Jo-Diätler, von und zu dessen fluktuierender Figur sein ganzes Erwachsenenleben lang derselbe halbe Zentner subtrahiert und addiert worden war – in den letzten Monaten eine nachhaltige Phase körperlicher Expansion durchlaufen. Während der gesamten Dauer unserer Freundschaft an und nach der Uni hatte ich ihn nur ein einziges Mal oben ohne gesehen, vor Jahren, als er klitschnass vollgeregnete Klamotten auszog – im Geist sah ich jetzt wieder die glupschgesichtsgleiche Gruppierung von Brustwarzen und Nabel vor mir, die sich mir damals dargeboten hatte.

Das Gedankenbild zerstreute sich langsam, während wir einander mit Nettigkeiten überhäuften; uns gegenseitig auf den Rücken klopften; auf alte Zeiten anspielten.

Ich spürte den vertrauten Schwung, den seine Nähe mir gab; wir mochten einander wirklich sehr. Teddy fragte, ob ich schon was zu trinken hatte, und als ich das verneinte, kniff er mir in die Wange und sagte: »Na, das sollten wir aber dringend mal ändern, was?«

In der schummrig beleuchteten, dicht bevölkerten Küche stellte Teddy mir Héloise vor, die mir wiederum Lior vorstellte, die ich dann ihrerseits Teddy vorstellte.

»Klar kenn ich Lior«, sagte Teddy, als wäre das doch allgemein bekannt. »Unsere Väter arbeiten zusammen, die sind da beide hohe Tiere.«

Tatsächlich handelte es sich hier, wie mir jetzt wieder einfiel, um den altbekannten Freundeskreiskanon: Teddys und Liors Väter waren Co-Eigentümer einer Firma, die irgendwas mit Architektur oder Recht oder Architekturrecht machte – und schlimmer noch, so kam es mir jetzt wieder, Lior und ich waren uns schon mehrfach bei Club- und Barnächten begegnet, deren Transport- und (wo nötig) Ticketlogistik Teddy arrangiert hatte. Liors Miene spannte sich zu einem Lächeln, das ich von anderen, vertrauteren Gesichtern, die ich in meinem Leben schon enttäuscht hatte, als bloß dekorativ wiedererkannte.

»Süßer«, sagte Teddy und bedeckte mit der rechten seiner zuverlässig warmen Hände meine schlecht durchblutete, dauerkalte linke, »sei so lieb und hol uns was Schönes aus dem Kühlschrank.«

Dankbar für die Aufgabe, die mich von dem Gespräch befreite, schlurfte ich zum Kühlschrank und öffnete die riesige Edelstahltür.

In einem Fach exakt auf meiner Augenhöhe standen in drei Viererreihen zwölf sortenreine Weißweine. Vor Eifer, ausgewählt zu werden, schienen die Flaschen mir allesamt ihre Hälse entgegenzustrecken; im Kühlschranklicht las ich die Etiketten, suchte nach einem mir bekannten Kennzeichen für Qualität, zupfte mir an den Fingern, ehe ich zögerlich den am französischsten klingenden auswählte, wieder zurückstellte, den daneben nahm und Teddy brachte.

Er reichte mir einen batteriebetriebenen Flaschenöffner, der aussah wie eine Polizeitaschenlampe, und während ich das Ding über den Flaschenhals auf die Flaschenschulter schob, fragte ich ihn: »Bist du sicher, dass das funktioniert?«, was er bejahte. Ich bemerkte, wie er sein Smartphone, einen praktisch scherzartikelgroßen Apparat, der kaum in seine Hand passte, in ungelenkem Winkel auf mich richtete: »Filmst du mich etwa gerade?«, fragte ich, was er ebenfalls bestätigte. Nachdem ich das Gerät erfolgreich auf die Flasche angewendet und Beifall dafür geerntet hatte, ihr den Korken aus dem Hals gezerrt zu haben, murmelte Teddy etwas Unverständliches, das alle anderen zum Lachen brachte.

Ich dekantierte den Wein in ein spülsteinnahes Septett sauberer Gläser, die ich zu spät als gar nicht sauber, sondern schon benutzt erkannte, überlegte kurz, wenigstens die Außenseiten abzuspülen, ließ es aber bleiben und verteilte die neu aufgefüllten, hochbakteriellen Gläser auf den Gastgeber und umstehende Gäste.

Teddy legte mir einen Arm um die Schultern und bekräftigte noch einmal, wie sehr er sich freue, mich zu sehen. Mit rotweinlila Zähnen und weißweinsaurem Atem hob er die Stimme, um seinem Publikum eine Anekdote zu erzählen, die ich so oft gehört hatte, dass ich die Lachpausen schon kommen sah. (Fast hatte ich befürchtet – und mich dann dafür geschämt –, er würde vorher noch einen Toast auf mich aussprechen.) Als er zum Ende kam, überlegte ich kurz, ob ich meine eigene, indirekt mit seiner verknüpfte Anekdote erzählen sollte, bezweifelte aber, dass sie passte, und begriff, als ich sie dann doch noch für erzählenswert befand, dass ihr Relevanzfenster für das laufende Gespräch sich bereits wieder geschlossen hatte.

Schnell leerte ich mein Glas, füllte es nach, leerte es noch schneller und stellte es dann in Armesweite auf die Kücheninsel. Inzwischen war ich ordentlich bedudelt und grinste ringsum Teddys Freunde an, die mir so langsam auch wie meine vorkamen.

Kurz fragte ich mich, ob mit mir wirklich grundlegend etwas nicht stimmte, oder nur ein bisschen, wie mit allen anderen auch. Dann switchte ich gedanklich auf den aus dem Wohnzimmer gerade noch hörbaren Beat, peilte ihn an und suchte nach Roos.

Die offenbar die Last meiner Aufmerksamkeit spürte, denn kaum war ich aus der Küche, hörte ich sie meinen Namen durch den Flur rufen.

»Hey, Fremder«, rief sie und kam durch die junge, aufstrebende Meute auf mich zu. Tapfer trug sie als Einzige auf der Party Sommerkleidung.

Wir umarmten uns. »Howdy«, sagte ich und bereute es sofort.

»Lange her«, stellte sie zutreffend fest.

Roos und ich hatten uns früher einmal viel näher gestanden. Als wir noch beide schlecht bezahlte Fegefeuerbürojobs hatten, hingen wir am Wochenende immer miteinander ab, doch mittlerweile hatten unsere Wege sich getrennt – sie hatte sich durch den Freund einer Freundin eine »coole Medienkarriere« verschafft, ihre Wohnstätte zu einem sitcomgroßen Apartment in einem teureren Stadtviertel upgegradet, und ich bekam sie kaum noch zu Gesicht.

Sie sah mir ins spürbar alkoholschlaffe Gesicht und lachte. »Du siehst ja *wahnsinnig* happy aus.«

»Ich find's lustig hier«, beharrte ich und rang mir ein Lächeln ab.

Irgendwann tauchte ein Bier in meiner Hand auf – vielleicht hatte Roos es da hingetan, aber ich fragte lieber nicht nach. Ich überlegte, ob ich mich nicht besser erst halbwegs in die Wirklichkeit zurücknüchtern sollte, trank dann aber, als Roos nicht hinsah, doch einige große Schlucke.

»Ich kann dieses Haus nie fassen«, sagte sie, fassungslos den Kopf schüttelnd. »Kannst du das fassen, dieses Haus?«

Ich wischte mir mit dem Handrücken über den Mund. »Unfassbar.«

Roos legte den Kopf schräg. »Julia konnte wohl nicht.«

»Ah. Ja.«

»Wann hast du sie das letzte Mal gesehen?«

Ich dachte kurz nach. »Vor Jahren.«

»Weißt du schon, dass sie jetzt was mit so 'nem alten Typen hat?«

»Wie?«

»Sie ist mit so 'nem alten Sack zusammen.«

»Wer?«

»Julia.«

Das dauerte zu lange. »Wer ist der alte Sack?«

»Ihr Boss oder so. Ü-40.«

»Hat sie dir das erzählt?«

»Nein, sie hat's Teddy erzählt. Und der kann Geheimnisse ungefähr so gut für sich behalten wie ein Werbezeppelin.«

»Hm«, sagte ich und ließ den Blick sinken, »schön für die beiden.« Roos trug einen Silberring am Zeh, doch mir war gerade nicht danach, sie deshalb aufzuziehen.

»Aber weißt du, wer hier ist?«, fragte sie. »Stanislaw Richter!«

»Stanis –?«

»– law Richter. Weißt du nicht mehr? So ziemlich der coolste Typ im dritten Unijahr.«

»Ah, *Stanislaw Richter*«, sagte ich nickend, erinnerte mich aber null. »Was macht der denn hier?«

»Offenbar ein Freund von Teddy. Ist inzwischen superreich, irgendwas mit Aktien oder so.«

»Sind hier nicht alle reich?«

»Alle außer dir«, erwiderte Roos. Dann, pflichtbewusst: »Und mir.«

»Na, vielleicht verliebst du dich ja in einen reichen Typen …«, sagte ich und exte den Rest meines Biers.

Sie sah mich duldsam an. »Soll ich dir noch was sagen?«

»Okay.«

»Ich freu mich, dich zu sehen«, sagte sie und tätschelte mir den Kopf. Langsam zog sie die Hand wieder zurück. »Wann hast du dir denn das letzte Mal die Haare gewaschen?«

Im Wohnzimmer waren acht Panorama-Falttüren wie ein Akkordeon aufgezogen worden, damit die Gäste in den Garten konnten.

Roos und ich standen mit frischen Drinks auf der Terrasse und mischten uns unters Volk. Roos fror offenbar gar nicht, während ich bibbernd dastand, die Arme verschränkt, die Hände unter den Achseln, um Wärme zu speichern.

Abseits vom Haus war es so finster, dass ich mich anstrengen musste, um irgendetwas zu erkennen; vermutlich weiteten sich meine Pupillen. Gerade so konnte ich den männlichen Sprecher ausmachen, dem Roos und ich schon eine Weile zuhörten. Erst als er die Worte »treuhänderisch« und »Volatilität« im selben Satz gebrauchte, ging mir auf, dass er vermutlich Stanislaw Richter war.

Er schien nicht zu begreifen, dass Roos eher privat an ihm interessiert war als an seinen Kryptoinvestments. Immer wenn sie über eine seiner Storys lachte, legte er eine weitere, noch längere nach, mit noch präziseren Details über seine virtuellen Daytrades.

Als Stanislaw schließlich sein Smartphone zückte, um uns eine App zu demonstrieren, die Live-Graphen und tabellarisierte Marktindexe bezüglich seines Digi-coin-Portfolios anzeigte, wobei er das Gerät mehrmals drehte, um das Display auf Breitbild zu kippen, sah ich mich gezwungen, ihn um unser aller willen zu unterbrechen und das Thema zu wechseln.

»Und was machst du noch mal, Roos?«, fragte ich und machte mich im Voraus über ihre Art lustig, anderen ihren Job zu erläutern.

»*Ich vermittle Partnerschaften zwischen Kreativen und multinationalen Unternehmen, um Künstlern zu helfen, ihre Message und Marke zu pushen und ein größeres Publikum zu erreichen*«, rezitierte sie mit geschlossenen Augen die in ihrem Kopf hinterlegte Stellenbeschreibung.

»Und du?«, fragte Stanislaw und sah mich an.

Wie sollte ich jemandem, der mir eben noch all seine sprudelnden Quellen passiven Einkommens aufgezählt hatte, erklären, dass ich für Mindestlohn als Texter bei einer lausigen Werbeklitsche arbeitete; pleite war; vom Minus eines beinah ausgereizten Dispos lebte? »Im Grunde gar nichts«, sagte ich.

Stanislaw lachte.

»Nein, im Ernst«, sagte ich.

Wenn ich so betrunken war wie jetzt, tat ich für gewöhnlich nur das Allernötigste, um keine vermeidbaren Missgeschicke zu begehen oder unerwünschte Aufmerksamkeit auf mich zu ziehen. Um möglichst relaxed zu wirken, beschloss ich, meinen Fuß auf den Sitz eines Korbstuhls zwischen Stanislaw und Roos zu stellen.

Als ich in dieser sinnlosen Pose weitersprechen wollte, rutschte der Stuhl mir unter dem Fuß weg, und ich kippte in freiem Fall nach vorn.

Stanislaw fing mich sofort auf, aber ich brauchte ein paar Augenblicke, um das Gleichgewicht wiederzufinden. Ich entschuldigte mich wortreich und erklärte meinen Fehler: »Ich hab irgendwie das Gewicht falsch eingeschätzt oder so. Die Stabilität.«

»Ist ja nichts passiert«, sagte Stanislaw und hielt meinen Arm fest.

»Alles okay?«, fragte Roos mehrmals und jeweils anders phrasiert.

Alles okay, es ging mir gut, wirklich, alles in Ordnung. »Der Stuhl war einfach leichter, als ich dachte.«

Auf einmal schien es mir dringend nötig, ihnen zu beweisen, dass ich kein bisschen betrunken war – dass es mir bestens ging und der Abend noch jede Menge Gutes für mich bereithielt. Für uns.

Im Hintergrund dröhnte superlaut der tiefe Billo-Bass von Alice Deejays »Better Off Alone« aus dem Wohnzimmer – ein Song, den ich eigentlich weder mochte noch nicht mochte, der jetzt aber unerhörte Gefühlstiefen zu bergen schien; mich vielleicht sogar zum Weinen bringen konnte.

Ich blickte auf den rücklings daliegenden Stuhl und dann zu Stanislaw und Roos. »Bock zu tanzen?«, fragte ich.

Zu zweit besetzten Roos und ich ein Eckchen Tanz-fläche, Stanislaw hatte meine Einladung höflich ausge-schlagen.

Roos tanzte wie eine Darstellerin in einem Werbe-spot für probiotischen Joghurt, und eine kurze, berau-schende Weile konnte ich genug Selbstvertrauen herbei-imitieren, um mit ihr mitzuhalten.

Sie liebe diesen Song, sagte sie, glaube ich, richtete die Worte aber nicht an mich, sondern an die entferntesten Zimmerecken, und ich war glücklich und vergaß mich, und sie lächelte so breit, dass es aussah wie der Anfang eines Schreis.

Acht weitere Refrains von drei anderen Liedern spä-ter wurde mir allmählich bewusst, dass ich meinen Kör-per immer manueller bewegte statt unbewusst und au-tomatisch, so, als hätte die anonyme Antriebskraft, der ich die Belebung meiner Glieder fürs Tanzen anvertraut hatte, diese mittendrin im Stich gelassen.

Vor lauter Panik schwang ich meine Arme mehr-mals von mir weg und zog sie wieder an, eine Reihe vogelhafter, arrhythmischer Bewegungen, die ich durch systematische Wiederholung nachträglich zu etwas zu stilisieren und zu symmetrisieren versuchte, das man als eine Art Charleston oder Floss hätte bezeichnen können.

Ich linste zu Ross, die – weil sie unsere Tanzpartner-schaft mit mehreren benachbarten Tanzpartnerschaften zu einem Tanzkollektiv erweitert hatte (inklusive Teddy und Lior) – glücklicherweise viel zu beschäftigt damit war, den Moment zu genießen, um zu merken, dass ich nicht mehr wusste, wie man sich zu Musik bewegt.

Bis zum nächsten Refrain hatte ich jedes dynamische Körpergefühl verloren. Ich watschelte zum Rand der Tanzfläche, wo ich gerade lang genug breit grinsend stehen blieb, um mich wie der letzte Creep zu fühlen – dachte dann darüber nach, dass ich, mit all meinen Problemen, Machenschaften und dem ganzen Selbstmitleid wahrscheinlich wirklich ein Creep war –, und verzog mich in die Küche, fragte mich, wie es wohl war, nicht bloß kein Creep zu sein, sondern seinen Körper tatsächlich zu mögen, und somit auch die unmittelbar an diesen Körper angrenzenden Bereiche der Welt.

Ich lehnte mich an irgendwas Horizontales und schnappte mir eine halb leere, achtlos weggestellte Flöte weißen Schaumwein, sah Bläschenketten dabei zu, wie sie zur Oberfläche blubberten, exte den Wein, füllte das Glas mit Maker's Mark nach, und das Ganze von vorn.

Ich glotzte die Uhr über der Spüle an, die eine zugleich unmöglich frühe und unmöglich späte Zeit anzeigte. Kurz schloss ich die Augen, und als ich sie wieder öffnete und erneut die Uhr ansah, waren weitere fünf Minuten vergangen.

Roos Rees-Anderson in einem »Ladys only«-Swimmingpool.

Darunter: Roos in Schwarz-Weiß, Chiapudding aus einem Weckglas löffelnd; Roos und zwei Freunde in Funktionskleidung, vor oder nach dem Joggen im Park;

Teddy, der in schmeichelhaftem Cafélicht mit einem Matcha latte posiert; ein Stillleben eines Bestsellers der Populäranthropologie.

Mein Handydisplay zeigte jeweils zwölf der 1000+ Kacheln an, die solche und ähnliche Momente aus Roos' Leben archivierten; mit immer schnelleren Daumenwischern scrollte ich sie durch.

Ich war zurück im Bad von Teddys Eltern; wieder konnte ich mich nicht entsinnen, das Deckenlicht angeknipst zu haben.

Ich fand und fingerzoomte ein Foto von Teddy, Roos, Julia und mir, aufgenommen bei einer früheren Version der heutigen Party. Dann öffnete ich Teddys kürzlich aktualisierte Instastory und hörte zu meinem Schreck auf einmal meine Stimme außerhalb von mir, aus dem Video, das er beim Entkorken der Flasche mit einer mir fremden Technik aufgenommen hatte. Die Flasche ging auf, das Video verschwamm, und über den Applaus hinweg erklärte Teddy: »Ich will genau das, was er hatte!«

Ich trank noch einen Finger Maker's Mark. Wenn ich erst mal in Schwung war, hielt mich keine noch so große negative Verstärkung mehr vom Trinken ab; ohne Rücksicht auf Verluste machte ich weiter bis zum Koma.

Demnächst würde ich dagegen mal was unternehmen müssen; mich ändern, nicht immer dieselben Fehler wiederholen.

Seit Jahren schwor ich mir, mich zusammenzureißen und mit dem Schreiben anzufangen. Trotz ziemlich dünner Beweislage dafür glaubte ich, ich könne eines Tages mal was Gutes produzieren. An der Uni hatte ich in einem Seminar ein paar Shortstorys verfasst und sie Julia gezeigt, die meinte, sie hätten ihr sehr gefallen. Tatsächlich war meine Creative-Writing-Note die beste meines ganzen Studiums.

Das Dumme war nur, ich konnte mich nie zu etwas zwingen, das ich wollte; konnte mich genauso wenig dazu bringen, mit dem Schreiben anzufangen, wie mit dem Trinken aufzuhören. Ein angeborener Selbstsabotagemechanismus verurteilte jeden Versuch, mein Leben zum Guten zu verändern, von vornherein zum Scheitern.

Um mit diesen Veränderungen überhaupt anfangen zu können, dachte ich, wäre ja erst mal eine *Vor*-änderung nötig, die mich zu einem Menschen machte, der sich gern änderte. Aber wie sollte ich diese erste, vorverändernde Veränderung bewerkstelligen? Ganz zu schweigen von den vielen stufenweisen Mikroänderungen auf dem Weg zu einer Vor-Voränderungs-Veränderung?

Über all diese Änderungen nachdenkend, stieg ich in die leere Badewanne, in der ich weiter Maker's nippte und so reglos und so lange liegen blieb, bis das bewegungsmeldergesteuerte Deckenlicht erlosch und meine Umgebung in Dunkelheit tauchte.

Als ich aufwachte, pfiff mir ein wohlvertrauter, mandelgroßer Schmerz durch den Schädel. Ich war dermaßen betrunken, dass ich an nichts anderes denken konnte als daran, wie betrunken ich war.

Die restliche Party erlebte ich als eine Folge sprunghafter Tableaus, als ruckelnde Slideshow.

Ich klopfte an Teddys Zimmertür und linste hinein, erkannte Teddy im Shirt, der eine shirtlose Lior löffelte – die beiden passten so nahtlos ineinander wie gestapelte Klassenzimmerstühle. Kurz dachte ich darüber nach, sie zu wecken und zu fragen, ob Roos noch da war, ließ es aber bleiben.

Befreit von seinen Gästen, deren kollektive Körperwärme noch immer in der Luft hing, wirkte der Flur unten noch größer, so, als hätte er nun endlich aufgeatmet.

Ich torkelte ins Wohnzimmer, analysierte kurz mental den Raum, in dem nur noch Héloise und ein Fremder tanzten, verließ ihn dann wieder und ging direkt in die Küche, wo Stanislaw und Roos auf einem Sofa saßen und über dezentralisierte Märkte sprachen – ihre Beine waren dicht beisammen, berührten sich aber nicht.

»Na, Großer«, sagte Stanislaw, als er mich sah, was entweder *sehr* nett oder herablassend nett war. »Alles im Lot?«

»Alles bestens«, sagte ich und zentrierte meine verrutschte Blickachse wieder auf ihn.

Roos stand auf und schenkte mir ein Glas Leitungswasser ein, das ich als unnötig abtat, aber trotzdem austrank. »Übernachtest du hier?«, fragte sie.

»Ja«, sagte ich. Mein Blickfeld schwankte. Dann, in

einer Stimme, die ich erst gar nicht als meine wahrnahm: »Nein. Ich will einfach nur heim.«

Trotz dynamisch angepasster Nachtpreise und genereller ethischer Bedenken hinsichtlich des Unternehmens ließ ich zu, dass Stanislaw mir für die Heimfahrt ein Uber rief. Als es kam, setzte er mich auf den Rücksitz, die Hand schützend auf meinem Kopf wie bei einer sanften Festnahme, und ich bedankte mich so teilnahmslos wie möglich, so, als täte ich ihm hier den Gefallen.

Kurz darauf fragte Maksim, der Fahrer, wie mein Abend gewesen sei. Mein Uber-Rating schoss mir durch den Kopf, und ich lallte was von einer Party, bevor ich etwas sorgfältiger formulierte, ich hätte mit einer schönen Frau getanzt.

»Nice«, sagte Maksim.

»Ja. Echt nice«, sagte ich und begriff verspätet, dass hier Stanislaws Bewertung auf dem Spiel stand und nicht meine. Ich nahm mir vor, sein Standing in den Augen des Beförderungsunternehmens nicht zu gefährden.

Wohnstraßen sausten am hinteren Beifahrerfenster vorbei, an dem meine linke Wange ruhte, verschmolzen irgendwann zu einer zweispurigen Fahrbahn. Mich überkam das ozeanische Kindheitsgefühl, nachts auf dem Rücksitz eines sicher gelenkten Autos zu dösen.

Einmal befahl die weibliche TomTom-Stimme, die Maksim den Weg ansagte: »In 400 Metern links abbiegen.«

Maksim zeigte auf das Gerät und raunte: »Blöde Fotze.«

Nach ein paar weiteren Fahrtminuten bat ich Maksim, mich hier aussteigen zu lassen. Ob ich sicher sei, fragte er, und ich sagte Ja, und als die roten und goldenen Lichter seines Wagens sich in der Dunkelheit auflösten, ging mir auf, dass ich keinen Schimmer hatte, wo ich war.

Am Straßenrand zückte ich mein Handy und öffnete den Chat mit Teddy, kehrte zu dem Gespräch zurück, das wir über diverse Medien hinweg seit fast einem Jahrzehnt führten. »hast du lior gevögelt??«, tippte ich ins weiße Feld, ersetzte dann »gevögelt« durch »genagelt« durch »geknallt«, lachte – und löschte die ganze Nachricht wieder. »morgen schreiben x«, schrieb und sendete ich schließlich. »sag stan danke für das uber«, schrieb ich Roos und löschte es wieder.

Laut sang ich den Titelvers von »Better Off Alone«, merkte, dass ich den Rest nicht wusste, merkte dann, dass dieser Titelvers schon fast der ganze Songtext war, und sang ihn noch ein paarmal. Ich fand meinen blauen Punkt auf der Karten-App und bekam den Heimweg angezeigt.

Bevor ich rauf in die Wohnung ging, kaufte, aß und verbrannte ich mir den Gaumen an einer familiengroßen Peperoni-Pizza und strahlkotzte sie dann stückweise gegen die äußere Plexiglaswand einer Bushaltestelle.

Zu Hause kriegte ich kurz Panik, weil das Schlafzimmerlicht brannte und die Tür weit offen stand, dann fiel mir wieder ein, dass ich das selbst so hinterlassen hatte.

Betrunken, einen galligen Geschmack im Mund, weinte ich beim Anblick eines viel zu wunderschönen Sonnenaufgangs, der die morgengraue Stadt vor meinem Fenster rötete. Zarte Regenvertikale gingen nieder, verbanden alles meinem Leben Intrinsische mit allem Extrinsischem: Teddy; Roos; Stanislaw; Maksim; Julia, wo immer sie auch war; die aprikosenfarbige Kotzschliere an der Bushaltestelle; jeder Gehsteig, über den ich je zur Arbeit gehen würde.

Dann, aus reiner Nostalgie, rief ich auf meinem Smartphone Julias Facebook-Profil auf.

Von allen Menschen meines Alters, denen ich eine priorisierte Bedeutung in meinem Leben einräumte, hatte Julia mit Abstand die am wenigsten aktive Onlinepräsenz. Es gab keinerlei sichtbare Belege dafür, dass sie sich in den letzten Jahren je eingeloggt hatte, obwohl das durchaus möglich war. Das Uploaddatum ihres Profilbilds lag ein ganzes Semester vor unserer ersten Begegnung auf dem Campus, gegen Ende unseres ersten Unijahrs, auf einer Neunziger-Party in der Bar der Studierendenvertretung. Ich war mit Teddy gekommen, an den ich mich klammerte, seit ich ihn im Wohnheim kennengelernt hatte, weil er gut im Freundefinden war. Julia war mit einer Kolonne betrunkener Geographie-Kommilitonen reingekommen, die das Ende ihrer Prüfungen feierten.

Spät am Abend saß ich ganz allein in einer Nische vor einem Fischglas mit einem blauen Drink, den Teddy kurz zuvor für uns bestellt hatte, ehe er mit jemandem aus dem Hockeyteam ins Bett verschwunden war.

Eine fremde Frau setzte sich neben mich – und verwirklichte damit, was ich praktisch vor jedem Ausgehen fantasierte.

»Hi«, sagte sie, sah mir direkt in die Augen, beugte sich, ohne den Blickkontakt zu brechen, vor und nippte, nach einem Strohhalm suchend, mit den Lippen am Rand meines Fischglases entlang. Nachdem sie ein paar Schlucke geschlürft hatte, verzog sie das Gesicht und fragte, was das für ein Cocktail sei.

»Electric Lemonade«, erklärte ich.

»Crazy«, sagte sie und nahm noch einen großen Schluck.

»Gehörst du zu denen?«, fragte ich und deutete mit der Stirn auf die lose, aber doch als solche erkennbare Gruppe von Studierenden, aus der ich sie hatte kommen sehen.

»Kommt drauf an, was du mit ›gehören‹ meinst, aber ja, schon«, sagte sie und ergänzte in einem die Gruppe verspottenden, aber trotzdem liebevollen Ton: »*Die Geographen.*«

Sie legte den Arm um mich und fragte nach meinem Namen. »Nick«, sagte ich und streckte ihr die Hand hin. Sie sah sie fragend an. »Zum Schütteln«, sagte ich, und wir gaben uns linkisch die Hand.

Einen Moment sahen wir einander nur an, dann

küssten wir uns. »Ich bin Roos«, ließ sie mich hinterher wissen.

Erst aus dem Augenwinkel, dann mit beiden Augen, sah ich eine zweite Frau auf uns zutanzen, ebenfalls aus der Geographengruppe. Ich wusste, dass Roos sah, wie ich sie ansah, doch es schien sie nicht zu stören, und ich konnte sowieso nicht anders.

Als die andere näher tanzte, änderten wir beide unsere Haltung; Roos sitztanzte sie an, ich richtete mich etwas auf.

»Wer ist das denn?«, fragte ich.

»Wer, die?«, fragte Roos, laut genug, dass die andere es hörte, und um uns einander vorzustellen. »Das ist Julia.«

ABLENKUNG VON TRAURIGKEIT IST NICHT DASSELBE WIE GLÜCK

Bevor er ihnen gegenseitig ihre Profilkarten zur Zustimmung vorlegte, berücksichtigte der Algorithmus gemeinsame Interessen und Social-Media-Kontakte sowie die aus Links/Rechts-Wisch-Raten kalkulierten Attraktivitätsquotienten des Users und der Userin.

Punkt 19.15 Uhr britischer Sommerzeit, was der Algorithmus mittlerweile als die Spitzennutzungszeit der Userin ermittelt hatte, saß diese mit ihrem Smartphone in der Hand auf einem der vorderen Bitte-freigeben-Plätze eines einstöckigen Busses und sah auf der Benutzeroberfläche der algorithmusbasierten Dating-App zum ersten Mal die Profilkarte des Users.

Beim Anblick dieser Profilkarte (die – wie die eingeschränkt personalisierbaren Profile sämtlicher Non-Premium-User*innen der algorithmusbasierten Dating-App – lediglich aus einem Header mit Vornamen und Alter, einer scrollbaren Galerie aus maximal sechs 500 × 500 Pixel großen Fotos, einem geographischen Ortsmarker und einer höchstens fünf Zeilen langen Kurzvorstellung in serifenlosem Text bestand) regis-

132

trierte die Userin den User praktisch sofort als die Art Mann, den sie (wie auch der Algorithmus) als »ihren Typ« ansah.

Der Algorithmus erfasste die Hast, mit der die Userin die Fotos des Users einmal und dann noch ein zweites Mal durchscrollte; wie schnell sie daraufhin seine Profilkarte nach rechts wischte, wobei sie – die der Algorithmus in den oberen zwanzig Prozent der Kategorie »wählerisch« eingestuft hatte – einen eindeutigen Rekord hinsichtlich ihrer Entscheidungsdauer aufstellte.

Nachdem er der Userin quer über der Stirn des Users das Wort »LIKE« in Stempeloptik angezeigt hatte, ließ der Algorithmus die Profilkarte von der Benutzeroberfläche der App verschwinden und generierte stattdessen eine dynamische Vollbild-Werbeanzeige, die ein zu den ihm bekannten Geschmack und Konsumverhalten der Userin passendes Produkt anpries. In ihrem konkreten Fall handelte es sich dabei um eine Kosmetikcreme, die faltige oder schlabberige Haut unter dem Unterkiefer straffen sollte.

Nach der Hälfte der achtzehnsekündigen Anzeigedauer des Spots schaltete die Userin ihr Smartphone dunkel und schaute aus dem Busfenster. Ob sie sich, während sie in die draußen vorbeiziehende Welt blickte und über ihren Platz darin sinnierte, abwesend über die weiche Haut unter dem Kinn strich, konnte der Algorithmus nicht feststellen.

Der männliche User – Rückenlage, im Bett, Spitzennutzungszeit erst jetzt, etwa sechs Stunden nach der Userin – stolperte etwa dreißig Karten tief in seinem allabendlichen Wischmarathon über ihr Profil. Der Algorithmus verteilte derartige Funde strategisch, nadelte die statistisch wahrscheinlichsten Matches gezielt in große Heuhaufen der statistisch unwahrscheinlichsten, um die Dauer kontinuierlicher, gewohnheitsbildender App-Nutzung nachhaltig zu verlängern.

Während der User das Profil der Userin begutachtete, begutachtete der Algorithmus ihn; registrierte, wie er, als er durch die cloudgespeicherten Fotos scrollte – geladen aus der zentralen Bilddatenbank der algorithmusbasierten Dating-App, deren Server etwa 4.000+ transatlantische Meilen vom gemeinsamen Wohnort des Users und der Userin entfernt standen –, wie zu erwarten am längsten auf dem einzigen Bikini-Bild verweilte. Der User starrte so lang auf das Foto, bis er sich davon etwas beengt fühlte.

In vollem Wissen um die wahrscheinliche Vergeblichkeit des Versuchs, aber ohne vor dem Schlafen noch etwas Besseres zu tun zu haben, unternahm der User auf Social Media und den Seiten einiger Karrierenetzwerke ein paar kursorische Suchen nach dem Vornamen der Userin, ergänzt durch in Anführungszeichen gesetzte, aus ihrer Kurzbiografie kopierte Stichworte über ihre Arbeit und Universität – die einzigen verfügbaren Hinweise auf ihre Identität –, doch nichts davon lieferte brauchbare Ergebnisse. Dann rief er wieder die algorithmusbasierte Dating-App auf und wischte das Profil der Userin nach rechts.

In kursiver Schriftart ploppten die Worte »It's A Match!« in der Mitte seines Smartphone-Displays auf, darunter schwebten von links nach rechts Kreise mit den Profilbildern des Users und der Userin – ein Mix aus Wort und Bild, bei dem ihm jedes Mal die *That's All Folks*«-Abschlussmelodie der Looney Tunes aus einem Hinterzimmer seines Schädels durchs Bewusstsein hallte.

Nach Einsetzen des bauchgelagerten, jackpothaften Lustgefühls, das ein neues Match ihm immer noch lieferte, richtete der User sich ein Stück auf seiner übergroßen Einzelmatratze auf. In der Hoffnung, die durch nahezu müheloses Erzielen eines erwünschten Ergebnisses erlangte Befriedigung quasi als emotionales Kraftfeld verwenden zu können, mit dessen Hilfe er sich in sonst zu schmerzhafte Gefühlsregionen vorwagen durfte, wischte er sich durch seine kürzlich verwendeten Apps und öffnete noch einmal eine der Social-Media-Plattformen, auf denen er die Userin zu ermitteln versucht hatte.

Der User tippte den vollen Namen seiner letzten Langzeit-Sexualpartnerin in die Suchleiste ganz oben auf der Seite und sah die in ihrem privaten Feed angezeigten Aktivitäten durch. Er flippte sich durch ein paar frisch getaggte Fotos, auf denen sie wirkte, als hätte sie zugenommen; sichtete ein paar Profile, mit denen sie in letzter Zeit interagiert hatte; überflog einen von ihr geteilten Spendenaufruf für die Arztkosten eines Kinds mit einer seltenen Krankheit.

Immer noch den Gedanken an seine letzte Langzeit-Sexualpartnerin wälzend, surfte er als Nächstes zu seiner Standard-Pornoseite und masturbierte sechs Minuten lang zu einem stumm gestellten Video. Er masturbierte weder zu dem Porno selbst noch zur Vorstellung von seiner letzten Langzeit-Sexualpartnerin, sondern zu einem holografisch wirkenden Fantasiegemisch der beiden Stimuli: Erst überlagerte das Gesicht seiner letzten Langzeit-Sexualpartnerin den Körper der Pornodarstellerin, dann das Gesicht der Darstellerin den Körper seiner letzten Langzeit-Sexualpartnerin. Das Ganze fühlte sich entspannend und völlig selbstverständlich an.

Hinterher spekulierte er darüber, wie erbärmlich er der Wand erscheinen musste, Gott, dem Algorithmus, all seinen verstorbenen Verwandten, falls die ihn so beobachteten, wie er sich das vorstellte: kristallkugelmäßig, aus den strahlend weißen Hallen des Jenseits.

Obwohl der Algorithmus genau wusste, wie der User seine Zeit totschlug, war er außerstande, ihn deswegen zu verurteilen. Beruhigt erinnerte der User sich daran, dass die Software keinerlei privates Interesse an ihm hegte; dass sie letztlich nur dazu diente, ihn mit Werbung zu versorgen.

Am nächsten Morgen, keine Minute nachdem der vogelhafte Wecksound ihres Smartphones unter ihrem Kissen erklungen war, öffnete die Userin die algorith-

musbasierte Dating-App und wurde von derselben be-
glückwünschenden Match-Benachrichtigung begrüßt,
die der User sieben Stunden zuvor erhalten hatte.

Gleich nach der »It's A Match!«-Animation öffnete
die Userin (wieder unter substanzieller Abweichung
von ihrer üblichen Wisch-und-Tipp-Geschwindigkeit)
die Profilkarte des Users, die sich jetzt in ihrer Chatliste
befand, und karussellte sich erneut durch die sechs von
ihm hochgeladenen Fotos. Sie hatte ein gutes Gefühl bei
der Sache, spürte, wie ihre Lebensbahn sich bog und
sich, wie gezwungen auch immer, an die eines Wild-
fremden anpasste.

Später, während seiner Mittagspause, für die er sich nie
mehr als eine halbe Stunde Zeit ließ, damit man ihn im
Büro ernster nahm, aktivierte der User per Daumenab-
druck sein Handy und öffnete die algorithmusbasierte
Dating-App in der kaum bewussten Absicht, eine Interaktion mit der Userin einzuleiten.

Den größten Teil seiner Aufmerksamkeitsreserven
für anderes verwendend, kopierte er aus einem alten
Nachrichtenverlauf mit einer anderen Userin in seiner
Chatliste genau denselben Eröffnungssatz, den er bei
den meisten seiner bisherigen Matches verwendet hatte,
und fügte ihn in das leere Textfeld unter Vorname und
Profilbild der neuesten Userin ein.

Nachdem sie die erforderlichen Stunden nach Erhalt
der Nachricht des Users abgewartet hatte, um hinrei-

chend beschäftigt und nicht erbärmlich einsam zu wirken, stückelte die Userin eine Antwort zusammen, die zugleich spielerisch und verklausuliert klang.

Im Pausenraum ihres Co-Working-Space las sie sich die Nachricht beim Tippen leise vor, die Miene sonnengebadet in nicht ausgedrückten Emotionen.

Die Userin mochte das sterile, unsinnliche Nutzungserlebnis der algorithmusbasierten Dating-App; die Freiheit und Kontrolle, die Distanz, die diese gestreamlinte Simulation von Kennenlernen und Romanze ihr boten. Kaum Risiko, Widerlinge ließen sich leicht aussortieren, und die, die sich erst später als solche entpuppten, waren schnell wieder entmatcht; das abschirmende Einwegspiegelsystem ersparte ihr, je irgendwen grausam persönlich abweisen zu müssen – oder diese Demütigung selbst zu erleiden.

Natürlich fiel es der Userin, wenn sie sich schließlich aus dem Schutz des virtuellen Raums wagte, leicht, sich einen gewaltsamen Tod unter den Händen eines ihrer Matches auszumalen. Trotz aller Vorkehrungen – sprich: den jeweiligen User erst mal gründlich online auszuspionieren und ausführlich mit ihm zu chatten, ehe sie sich auf ein Treffen einließ – hatte sie sich vor jedem ihrer acht bisherigen App-arrangierten ersten Dates tagelang vorgestellt, wie ein möglicher Verehrer sie brutal zusammenschlug, vergewaltigte oder (ihre größte Sorge) ihr Säure ins Gesicht spritzte.

In der folgenden Woche tauschten der User und die Userin insgesamt fünfunddreißig Nachrichten aus, in denen sie die »Big Three« einer typischen Wikipedia-Biografie abdeckten: Jugend, Karriere, Privatleben. Da sie ihre externen Persönlichkeiten für kompatibel befanden, verrieten sie einander ihre Nummern und verabredeten sich in einer jeweils weniger als fünfhundert Meter von ihren Arbeitsplätzen entfernten Bar in einem frisch gentrifizierten Stadtteil.

Beide waren mit dem Etablissement bereits vertraut, aber aus ihr selbst nicht völlig klaren Gründen tat die Userin sowohl in den das persönliche Treffen einleitenden Nachrichten wie auch während der gesamten Dauer des tatsächlichen persönlichen Treffens so, als wäre sie noch nie in dieser Bar gewesen.

Die Userin war stets von sich enttäuscht, wenn sie so etwas tat, was häufig vorkam. Lügen stand in diametralem Widerspruch zu ihren moralischen Prinzipien. Ja, wenn sie andere beurteilte, sah sie Ehrlichkeit sogar immer als höchste Tugend an.

Wann eine so geschickte Lügnerin aus ihr geworden war, wusste sie selbst nicht so genau. Ihre Lügen waren nie richtig durchdacht – genauso wenig wie alles andere, was sie sagte –, was wahrscheinlich der Grund war, aus dem sie generell lieber schriftlich kommunizierte; ein kalkuliertes Verhalten im Vergleich zu den freihändig-chaotischen Risiken zwischenmenschlicher Interaktion. Ein Mittel, ihr Selbst zu überarbeiten.

Vorfreude hat eine ähnliche Textur wie Angst. Das Date überschattete die Woche der Userin wie eine Deadline.

Zu Fuß unterwegs zum vereinbarten Treffpunkt, befürchtete die Userin, sie könnte im Verlauf des Abends Schwierigkeiten haben, ein Gespräch in Gang zu halten. Mehrmals ging sie gedanklich ihre Gesamtstrategie durch, die darin bestand, dem User eine hübsche, übertrieben unbeschwerte Light-Version von sich zu präsentieren; ein menschenförmiges Set attraktiver Gesten und Reaktionen, dessen Umriss sie dann später, nach und nach, mit Elementen ihrer wirklichen Persönlichkeit befüllen könnte.

Sie entdeckte den User vor der Bar. Er saß auf dem Deckel eines gelben Streusalzcontainers, trug herkömmliche Männermode und war gefesselt von irgendetwas auf seinem Handy.

»Hi?«, sagte die Userin, nahm ihre Ohrstöpsel heraus und wickelte das Y-Kabel um ihr Smartphone.

Der User blickte von seinem Gerät auf und analysierte kurz die Einzelheiten des Gesichts der Userin; wie ihr Haar, das heller und kürzer war als auf den Fotos, ihr in zwei khakifarbenen Flügeln links und rechts neben das Kinn fiel. Sie ähnelte jemandem, den der User irgendwoher kannte, sei es aus dem echten Leben, einem Film oder einem Porno, oder vielleicht auch nur von ihren Profilfotos.

»Hi. Wie geht's?«, sagte der User und stand auf; entpuppte sich erstaunlicherweise als fast zehn Zentimeter größer, als die Userin erwartet hatte.

»Entschuldige die Verspätung«, sagte die Userin, ihre Stimme tiefer, als der User sie sich vorgestellt hatte, fast, als unterdrückte sie ein Gähnen. »Im Bus war so ein Typ, und wir konnten nicht weiterfahren. Sollen wir –« Die Userin winkte ein »reingehen« zur Tür, bei dem ihre Hände sich einsam anfühlten.

Die beiden betraten die Bar, wobei die Userin darauf achtete, das spezielle Mienenspiel einer Person, die ein ihr völlig unbekanntes Interieur wahrnimmt, weder zu über- noch zu unterspielen. Ein beliebter Song, bekannt aus einer auf Millennials zugeschnittenen Werbekampagne für ein Auto, streamte aus der Soundanlage; dem User war das sichtlich peinlich, was die Userin abtörnte.

»Ganz schön voll«, hob sie ihre Stimme über die Musik. »Ist hier immer so viel los?«

»Wird immer beliebter«, sagte der User missmutig. »Aber wir können nach draußen, die haben so 'ne Art Biergarten.«

»Okay. Ja. Okay. Schau mal, ob was frei ist, ich warte solange an, äh –«

»Alles klar«, sagte der User. »Obwohl, besorg du uns doch einen Platz, und ich hol uns schon mal was zu trinken. Einfach durch die Doppeltür da. Was trinkst du?«

»Sicher?«

»Ja.«

»Dann nehm ich erst mal dasselbe wie du.«

»Okay«, sagte der User. »Einmal Guinness mit rohem Ei.«

»Mein Lieblingsdrink.« In einstudierter Weise machte die Userin auf ihren Absätzen kehrt und ging in den Außenbereich.

Draußen war es warm; wie als Abschiedsgeschenk hatte der erst kürzlich zu Ende gegangene Sommer ein zweiwöchiges Nachspiel aus angenehmer Hitze hinterlassen. Die Userin setzte sich ans freie Ende eines langen, halb besetzten Tischs, dessen bevölkerter Teil eine Gruppe anthropometrisch nahezu perfekter Hochglanz-Girls beherbergte, in deren Gegenwart die Userin sich durchschnittlich geformt und mattlackiert fühlte.

Eine Erinnerung ploppte an die Oberfläche ihrer Gedanken: Ein voriges Match der algorithmusbasierten Dating-App hatte sie als »gemütlich« bezeichnet, was, wie er später erklärte, als Kompliment gemeint war.

Nachdem die Userin die Gelegenheit genutzt hatte, sich wegen ihres Gewichts zu schämen und ihren Körper auf eine Weise umzuarrangieren, die hoffentlich entspannt und attraktiv wirken würde, kam der User aus der Bar, ein Glas Bier in jeder Hand. Wie er, die beiden Drinks balancierend, auf sie zutapste, wirkte er dermaßen erbärmlich und beschränkt, dass sie tat, als sähe sie ihn gar nicht, bis er die Gläser auf dem Tisch abstellte.

»Das sieht aber nicht aus wie mein Lieblingsdrink.«

»Ja, die Eier waren leider aus.«

»Pfff, hier komm ich nie wieder her. Danke dir.«

In wohliger, erwartungsvoller Stille nippten der User und die Userin an ihrem Bier, das warm und sepiafarben war und im Abgang etwas medizinisch schmeckte. Dann dauerte die Stille doch zu lang und wurde peinlich.

»Und ... wie war die Arbeit heute so?«

»Gut«, sagte die Userin. »*Lustig*«, fügte sie hinzu und sprach das Wort kursiv aus.

»Das ist schön«, erwiderte der User. »Die meisten Leute, die ich kenne, hassen ihre Jobs.«

»Du auch?«

»Wenn sich's vermeiden lässt, hasse ich Dinge lieber nicht.«

»*Tapfer*«, sagte die Userin, wieder mit der schrägen Stimme.

»So tapfer finde ich das nicht«, entgegnete der User.

Am anderen Tischende brandete stürmisches Gelächter auf; die attraktiven jungen Frauen drängten sich um ein Smartphone. Die Userin überlegte, mehr zu lachen, damit der User sich wohler fühlte.

Die beiden nippten Bier.

»Rauchst du?«, fragte die Userin.

»Ähm, also jetzt nicht kontinuierlich oder so.«

»»Nicht kontinuierlich oder so‹«, äffte sie ihn nach.

Der User anstandslachte, obwohl die Nachahmung ihn traf. Es fiel ihm schwer, ihre Gefühle ihm gegenüber einzuschätzen – oder zu erahnen, ob sie das Gefühlehaben überhaupt wie er erlebte. »Also, ich hab das ganze Studium durch geraucht, und auch danach noch ein paar Jahre, aber dann hat's mich total kirre gemacht. Beim Einschlafen musste ich plötzlich an die ganze

Pampe in der Lunge denken, an den ganzen Teer, und dann sah ich ständig die Bilder von Leichen und hasenschartigen Babys von den Packungen vor mir. Ich musste einfach damit aufhören. Zu rauchen. Aber ab und zu mach ich's noch. Wenn andere rauchen, rauch ich meistens eine mit.«

Während er sprach, strich die Userin über die talismanisch beruhigenden Konturen ihres Handys in der Hosentasche. »Das heißt also, du wartest immer nur auf eine Ausrede und hast in Wahrheit gar nicht aufgehört.«

»Genau.«

Die Userin zog ein Päckchen Tabak hervor und sagte: »Klingt nach einer sehr gesunden Entscheidung«, und der User lachte und sagte: »Ja, kommt öfter vor bei mir.«

In einer zweiten Bar, die gar nicht aussah, als gehöre sie zu einer Kette, obwohl es so war, tranken der User und die Userin noch mehr und spielten einander weiter die Versionen ihrer selbst vor, die sie irgendwann zu sein hofften. Die Userin lachte über die Theorie des Users, er könne einen Kater vermeiden, indem er den ganzen Abend bei derselben Biermarke blieb, und der User lachte über Anekdoten, die die Userin von Freunden abgekupfert hatte.

Die Userin ergoss sofort nervöse Worte über jedes drohende Schweigen und fürchtete mehrmals, sie hätte zu viel geredet. Einmal zitierte sie einen Motivationspost über Glück und dessen Verhältnis zu Ablenkung, den sie am Vormittag auf einer Foto-Sharing-Plattform gelesen hatte. Angesichts der Weise, wie der User daraufhin die Stirn runzelte und nickte, fühlte sie sich unverlegen und verstanden.

In der dritten Bar war der User bereits so betrunken, dass er schon mehrmals den Gesprächsfaden verloren hatte; die Userin musste ein Auge zukneifen, um nicht doppelt zu sehen.

Die Userin hatte entschieden, dass sie den User mochte, und wartete auf seinen ersten Schritt. Beim Spazieren durch die schwere Nachthitze strichen seine Hand oder sein Bein mehrmals an ihre.

Gerade als sie völlig sicher war, dass der User keinerlei körperlichen Annäherungsversuche unternehmen würde, tat er es doch. Seine Lippen schmeckten nach dem marktführenden Lippenbalsam.

Nachdem die Userin in ihren Bus gestiegen war, nahm der User sich ein Taxi. Im Bett überlegte er, ihr etwas in der Art von »Gut nach Hause gekommen?« zu texten, entschied sich jedoch dagegen.

Auf ihrem zweiten Date hielten der User und die Userin insgesamt sechs Minuten Blickkontakt; konsumierten sie je fünf Getränke; waren sie – Ambient Media, Native Advertising und klassische Reklame zusammengerechnet – über dreihundert Werbeanzeigen ausgesetzt; befanden sie sich in der Nähe von vierzehn Menschen mit chronischen Schmerzen und elf Skulpturen von Jesus Christus.

Irgendwann wollte der User wissen, ob die Userin an ein Leben nach dem Tod glaubte. Das Thema schien ihm Angst zu machen, und kurz fragte die Userin sich, ob er vielleicht todkrank war. Sie malte sich aus, wie sie am Bett des Users saß, während er Chemotherapie bekam, und dann auf seiner Trauerfeier sprach, wo er mit mondkahlem Kopf in einem offenen Sarg lag.

Was ihr an dem User so gefiel, wusste sie nicht recht zu sagen. Er sah gut aus, aber da war noch mehr; eine gewisse Einfalt und ein festes Selbstgefühl, die sie unwiderstehlich fand. Als hinge alles, was er tat, zusammen. Sein Gang, die Art zu reden, seine Marotten – alles war miteinander verbunden.

»Nein, ans Jenseits glaube ich eigentlich nicht«, sagte die Userin. Manche Menschen riechen einfach wie zu Hause.

»Ich hab's mir überlegt. Vielleicht glaube ich doch an ein Leben nach dem Tod.«

»echt? wow. wie kommts?«

»Na ja hauptsächlich durch nachdenken über streben.« Und gleich darauf: »*sterben.«

»haha! Ich hoffe es gibt eins. Ich denke fast pausenlos ans sterben.«

»Klingt deep.«

»Ich bin ja auch deep.« Später, als sie vor ihren Serien saß, schob er nach: »hast du am wochenende schon was vor?«

»Wie alt bist du noch mal?«, fragte sie hinterher.

»Stand doch in meinem Profil.«

»Sechsundzwanzig?«

»Siebenundzwanzig.«

»Also praktisch ein alter Mann.«

»Ja, so fühle ich mich auch. Als müsste das Leben in meinem Alter eigentlich langsam mal, ähm, seine endgültige Form finden.«

»Ich glaub, so fühlt man sich in jedem Alter. Aber ich bin noch zwei Monate lang fünfundzwanzig, also was weiß ich schon.«

»Das ist ein großer.«

»Was?«

»Was was?«

»Was ist ein großer?«

»Der sechsundzwanzigste. Geburtstag. Für mich war der krass. Hatte total Schiss davor. Ein entscheidendes Jahr. Da fängt der Ernst des Lebens an.«

»Ich glaube, die Angst hebe ich mir lieber für den siebenundzwanzigsten auf.«

»Wieso? Weil das Leben da seine endgültige Form finden sollte? Oder wegen diesem Siebenundzwanzigdings? Dem Club?«

»Wegen dem Club. Ich glaub nicht, dass das Leben eine Form hat.«

»Kurt Cobain. Jimi Hendrix.«

»Amy Winehouse.«

»Der Typ aus dem neuen Star Trek.«

»Janis Joplin.« Die Userin verschob ein wenig ihre

Beine unter der Decke. »Merkst du was? Du nennst nur Männer.«

»Brian Wilson.«

»Der lebt noch, habe ihn neulich erst gesehen. Und er ist auch ein Mann.«

»Ich weiß, ich meinte den anderen Brian. Brian Irgendwas. Siebenundzwanzig ist das letzte Alter, in dem man jung sterben kann. Und ich glaube, meine Beispiele sind alle Männer, weil unsere Kultur halt so eine … gewisse Schlagseite hat. Nicht, weil ich persönlich sexistisch bin.«

Die Userin nickte, was sie – da ihr bewusst wurde, dass der User sie nicht sehen konnte – gleich darauf als »Klar« verbalisierte. In der driftenden Dunkelheit des Zimmers erinnerte sie sich gar nicht mehr, wie der User wirklich aussah, bloß noch an seine Fotos. »Du hast zwar unrecht, aber klar.«

»Wieso hab ich unrecht?« Der User drehte sich auf die Seite, damit ihre Stimmen sich gegenüberstanden.

»Weil das so nun mal nicht funktioniert.«

»Okay, na gut. Wenn du wirklich drauf bestehst, fällt mir sicher noch eine Frau ein, die mit siebenundzwanzig gestorben ist.«

»Darum geht's doch gar nicht«, sagte die Userin und legte einen schweren Arm auf seine Schulter. In ihrer Stimme lag ein Lächeln.

Abends filmte die Userin sich oft. Dazu platzierte sie ihren Laptop auf einem Kissenstapel auf dem Bett und richtete den Bildschirm so aus, dass die Kamera sie fast komplett erfasste. Dann öffnete sie die Kamera-App, klickte auf »Aufzeichnen«, trat ein paar Schritte zurück und tat, als würde sie sich mit jemandem unterhalten, zuhören oder lachen – irgendetwas Lebensnahes, das sie demnächst öffentlich performen würde. Vor der Laptoplinse übte sie kleine, durchchoreografierte Bewegungen ein. Wenn sie sich beobachtet wusste, achtete sie stärker darauf, was sie tat.

Danach legte die Userin sich ins Bett und verbrachte Dutzende Minuten, ja ganze Stundenhälften damit, das gefilmte Material zu sichten. Das tat sie, bis sie sich von dem Körper auf dem Bildschirm losgelöst fühlte, bis ihr dieser Körper virtuell und dinglich vorkam.

Beim Sichten achtete die Userin genau auf all ihre peinlichen Menschenoberflächen, auf den dauergeblähten Bauch, die leichte Schieflage in ihrer Haltung; auf all die Dinge, die sie unbedingt verbessern musste. Sie arbeitete an sich, rüstete sich stufenweise hoch. Versuchte letztlich nur, irgendwie besonders auszusehen.

»https://en.wikipedia.org/wiki/27_Club.«

Die Antwort des Users trudelte eine Stunde später ein. »wissenschaftlich widerlegt! die zwei schönsten Wörter überhaupt!«

Die Userin antwortete nach zwanzig Minuten. »Hahahahaha. Aber wie konnten wir bloß Jim Morrison vergessen?«

Manchmal trafen sie sich vor seinem Büro und gingen in der Nähe was trinken, manchmal gingen sie ins Kino, auf ein Konzert oder in eine Ausstellung. Meistens schauten sie Serien auf seinem Laptop.

Der User genoss die Zeit zu zweit am meisten, wenn sie durch ein Objekt gemeinsamer Aufmerksamkeit vermittelt wurde, wenn die Userin und er zusammen die Denkmuster des Alltags aussetzten. Das machte das Miteinander regulierbarer; hielt die Langeweile fern. Kein Druck, irgendetwas Besonderes zu tun oder zu empfinden.

Wenn sie ungefiltert beieinander waren, wurde es dem User unbehaglich. Morgens fühlte er sich eingesperrt in den Minuten, die die Userin benötigte, um seine Wohnung zu verlassen.

Auf dem Rücken liegend, starrte der User an die Decke, die Userin war zu drei Vierteln bäuchlings ausgestreckt, den Kopf auf seiner Brust.

Er räusperte sich und sagte mit dünner Stimme: »Als ich fünfzehn war –«

Die Userin schlug die Augen auf und wartete, dass er weitersprach. Wie sie eingeschlafen war, hatte sie gar nicht bemerkt. Eine Minute verstrich still, dann schloss sie die Augen wieder. Als sie sie – gefühlt eine Minute später – wieder öffnete, schien sanftes Morgenlicht hinter dem Schlafzimmervorhang.

»Hey! Wie geht's? Wollen wir die Woche was essen? Wenn das Wetter mitspielt, könnten wir versuchen, den Rekord fürs späteste Barbecue des Jahres aufzustellen.«

Sie las die Nachricht noch mal durch und löschte: »Wenn das Wetter mitspielt, könnten wir versuchen, den Rekord fürs späteste Barbecue des Jahres aufzustellen.« Dann löschte sie: »Wie geht's?« Dann löschte sie auch: »Wollen wir die Woche was essen?«

Nachdem sie das »!« durch ein »?« ersetzt hatte, schickte sie die Nachricht an den User. Noch nie hatte sich der Kontakt mit ihm derart einseitig und unorganisch angefühlt; seit ihrem ersten Treffen hatte sich ihre schriftliche Kommunikation stets im Kontext eines laufenden Austauschs von Echtzeit-Beobachtungen abgespielt.

Um nicht den ganzen Abend unentwegt auf eine Antwort des Users zu warten, ging die Userin allein ins Kino. Der Aufhänger des Films: Was passiert, wenn eine durchschnittlich attraktive Frau sich den Kopf stößt und sich deshalb plötzlich für überdurchschnittlich attraktiv hält? Dank ihres neu entdeckten Selbstvertrauens eroberte die durchschnittlich attraktive Frau im Verlauf des romantischen Subplots das Herz eines ebenso durchschnittlich attraktiven Manns.

Während sie auf das Ende des Films wartete, dachte die Userin in besorgten Schüben an den User, der ihr in letzter Zeit distanziert, verändert vorgekommen war. Hatte er auf ihre Nachrichten bislang immer innerhalb von dreißig bis vierzig Minuten reagiert, brauchte er inzwischen zwei bis drei Stunden für Antworten, die sowohl weniger aufmerksam als auch weniger interessant klangen als die, für die er früher nur ein Viertel der Zeit gebraucht hatte. Entweder hatte seine Lust, ihr zu antworten, nachgelassen, oder sein Vergnügen daran, sie warten zu lassen, hatte zugenommen.

Weder für den kommenden Freitag noch für das folgende Wochenende – die freien Zeiten, die sie sonst am häufigsten zu zweit verbrachten – hatten Userin und User etwas ausgemacht. Die Userin befürchtete, dass sie einander ohne diese stabile, episodische Struktur ihrer Routine bald ganz aus ihren Lebensrhythmen bremsen würden.

Obwohl die Userin darauf geachtet hatte, den User nicht zum einzigen Quell ihrer Lebensfreude werden zu lassen, hatte die Begegnung mit ihm doch unleugbar ihr Interesse an sich selbst belebt. Ihre gute Laune und ihr Selbstwertgefühl hingen, das wurde ihr jetzt klar, von der Qualität der Aufmerksamkeit des Users ab.

Beim Verlassen des Multiplex ging es der Userin schlechter als vorher. Ein Blick aufs Handy zeigte, dass der User noch nicht auf ihre Nachricht reagiert hatte. Auf der Busfahrt nach Hause fragte sie sich, ob er immer noch die algorithmusbasierte Dating-App benutzte.

Der User fragte sich langsam, ob die algorithmusbasierte Dating-App sein Mitgefühl zerfressen hatte. In gewisser Weise war er davon überzeugt, dass die Einordnung von Frauen in die binären Kategorien »datebar oder nicht« auf bloßer Basis äußerlicher Eigenschaften reaktionär und antifeministisch war – und dass die algorithmusbasierte Dating-App viele der schlimmsten Aspekte des »*male gaze*«, soweit er diesen denn verstand, begünstigte, wenn nicht sogar belohnte. Dass eine Umkehrung desselben Blicks auch ihn traf, dass auch er verletzlicher Kandidat eines Schönheitswettbewerbs war, in dem er gleichzeitig als Preisrichter fungierte, schien diesen Blick zwar irgendwie weniger problematisch zu machen, aber um wie viel weniger eigentlich?

Seitdem er die App intensiv nutzte, kamen Frauen ihm sonderbar geklont vor, so, als wäre jedes neue Match bloß eine Fortsetzung des vorigen. (Dass die meisten seiner Matches sich – aufgrund seiner persönlichen Vorlieben – tatsächlich ähnelten, verstärkte diese Wahrnehmungsverzerrung nur. Wie um das Ausmaß ihrer Ähnlichkeit zu prüfen, hatte der User sich letzte Woche innerhalb von nur zwei Tagen mit zwei Userinnen in derselben Bar getroffen und mit beiden annähernd identische Interaktionen erlebt.)

Der User sinnierte über weitere Mängel der algorithmusbasierten Dating-App. Mühelos und regelmäßig die Frühphase einer Romanze zu erleben, verringert deren Wert. Allein schon durch ihre Anmeldung bei der algorithmusbasierten Dating-App demonstrieren die User*innen das unweigerliche Scheitern ihres Liebeslebens; ihre Unzulänglichkeit und Unliebenswertheit. Aufgrund der replizierbaren Mittel ihrer Herstellung gewinnen App-arrangierte Beziehungen eine modulare Struktur, die wiederum Ersetzbarkeit fördert. Aus der algorithmusbasierten Dating-App hevorgehende Beziehungen haben keinerlei stabile Basis in der Wirklichkeit – keinerlei Kontext – und entwickeln sich daher mit der narrativen Schwammigkeit von Träumen.

Außerdem hatte der User zunehmend Angst davor, die Userin zu schwängern, was bis vor Kurzem noch seine größte sexuelle Fantasie gewesen war. Angesichts der Risiken beschloss er also erst, wahrscheinlich nie wieder mit der Userin zu schlafen, und versuchte danach, gar nicht mehr an sie zu denken. Er hatte das Gefühl, eine Phase zu beenden. Vielleicht würde er ja bald eine neue Langzeit-Sexualpartnerin finden – womöglich eine mit Tattoos.

Immer öfter kam dem User der Gedanke an ein langweiliges Mönchsleben, das er höchstwahrscheinlich schrecklich fände. Er stellte sich dauerhafte Abstinenz von Sinnesimmersion vor. Er könnte mehr lesen: könnte jemand sein, der liest. Die Vorstellung gefiel ihm.

Manchmal wollte der User am liebsten jeden lustsensiblen Nerv in seinem Körper abstumpfen. In den naheliegendsten Metaphern denkend, stellte er sich das als Durchschneiden von Fäden vor.

In ihrer Büroecke legte die Userin ihr Smartphone mit dem Bildschirm nach oben neben ihre Tastatur und sperrte es. Das leuchtende Flüssigkristalldisplay verblasste zu solidem Schwarz.

Ein Tag, eine Nacht und ein Vormittag waren seit ihrer letzten Nachricht an den User vergangen, und sie hatte noch immer keine Antwort erhalten. Abgesehen von der Werbenachricht einer Pizzakette, die sie auf ein exklusives Onlineangebot für Knoblauch-Mozzarella-Brot hinwies, und eine SMS von ihrer Mutter, die fragte, was die Userin sich zum Geburtstag wünsche, hatte sie seit drei Tagen überhaupt keine Nachrichten mehr erhalten.

Bin ich eine Loserin? Habe ich die richtigen Entscheidungen getroffen? Manchmal beschlich die Userin das Gefühl, dass alles, was sich in einem Gerät – in Bildschirmzeit – ereignete, in einer Art Gegenwart geschah, während alles, was jenseits davon – in Echtzeit – passierte, sich in einer Art Vergangenheit abspielte.

Die Userin verschickte ein paar produktive Arbeitsmails und knibbelte so lange an ihrer Nagelhaut, wie ihre Gedanken brauchten, um zu dem User zurückzukehren.

Die letzten vier Wochenenden hatten sie unter derselben Bettdecke geschlafen. Wenn man ihren Mund mitzählte, war er gut fünfzehnmal in ihr gekommen. Sie hatten Insiderwitze und Lieblingsplätze. Er hatte sie in all ihren besten Sachen gesehen.

Natürlich war ihr klar, dass sie an der Stelle des Users exakt genauso mit sich umgehen würde, mit derselben touristischen Achtlosigkeit gegenüber einem Leben, das gefühlt an den Grenzen des eigenen Blickfelds endete. Der Algorithmus würde dem User noch tausend

Matches ausspucken, jedes so frisch wie ein einzeln abgepackter Spearmint-Kaugummi. Die Vorliebe des Algorithmus für immer mehr und immer Neues würde auch seine eigenen Neigungen prägen.

Sollte der User ihr in einer langen Nachricht liebevoll die Gründe schildern, aus denen er sie nicht mehr treffen wollte, würde die Userin diese Nachricht zwar nicht lesen, aber das hieß nicht, dass sie sich keine wünschte. Wollte er ihr einfach ewig aus dem Weg gehen? Bis ans Ende seines Lebens? Je länger sie darüber nachdachte, desto wütender wurde sie.

Auf ihrem Handy öffnete die Userin ihre Message-Konversation mit dem User, wo ihr »Hey?« noch immer erbärmlich in der Luft hing, eingehüllt in das Azurblau einer Sprechblase.

»Also«, gab sie in das Textfeld ein und löschte es wieder. »Warum«, tippte und löschte sie. Dann warf sie einen Blick auf die automatischen Eingabevorschläge, die sie sonst meist ignorierte, und führte den Daumen zu einem der drei auf Grundlage ihrer Wortwahlhistorie ausgewählten Wörter.

»Tja«, wählte sie aus. Eine neue Auswahl Vorschläge erschien auf dem Display. Sie zögerte, dann wählte sie: »Ich bin sicher es geht noch ein paar Tage weiter aber ich bin ganz sicher es ist nur was du tun konntest ich muss dir ein paar Sachen besorgen ich weiß ich mag dich und sorry du weißt wie viel Spaß du hast ich wollte nicht wirklich was zu tun sorry«, Enter, Enter, Enter, Senden.

ENTSCHULDIGUNG,
KENNEN WIR UNS NICHT?

Das hatte er gesagt.

Sie wirbelte herum, dachte beim Klang seiner Stimme: »Das ist doch nicht –«, die Welt um sie rotierte und verschwamm, »Nie im Leben ist das –« Dann füllten die Dinge wieder ihre Umrisse aus, und es war ganz eindeutig er.

Mehrere Personen voneinander entfernt standen sie vor einem Stand des zweiwöchentlichen Bauernmarkts auf dem Vorplatz einer Kirche in der Nähe ihrer Wohnung: sie mit ihrem Rucksack vor der Brust, er eine große Topfpflanze schleppend. Der verhangene Mittagshimmel über ihnen hatte die Farbe der Financial Times.

»Oh, hi«, sagte sie. Grinste sie bloß, weil es immer schön war, erkannt zu werden, oder grinste sie spezifisch, weil er *er* war? Mehr als »Ich kaufe nur etwas Gemüse« fiel ihr jedenfalls nicht ein, ehe sie das Kinn auf ihren Rucksack sinken ließ.

Passanten drückten sich umständlich an ihm vorbei und stellten sich hinter ihm an; er trat ein paar Schritte zur Seite und nickte zu einem weniger belebten Teil des

Markts. »Ich warte da drüben«, formte er überdeutlich mit den Lippen.

Jetzt, wo Julia erkannte, dass Nick in Wahrheit gar nicht mit ihr in der Schlange stand, nickte sie ihm zu, ebenfalls überdeutlich.

Nachdem sie bezahlt und ihren Rucksack wieder in Normalposition manövriert hatte, ging sie langsam auf ihn zu, sich zwar des Halts, doch nicht der Wirklichkeit des Bodens unter ihren Füßen bewusst. Zu begreifen, dass sie ihn *hier* traf, außerhalb des Kontexts der Vergangenheit, verlangte ihr einige mentale Kraft ab.

Sie umhalbkreisten sich mit Pseudoumarmungen, stellten beide fest, wie überrascht sie waren – das Leben war schon komisch.

»Ich bin übrigens echt ziemlich stolz auf mich«, erklärte Nick. »Von ganz da drüben hab ich dich erkannt«, er zeigte hinter sich, »bloß an deinem Hinterkopf.«

Unwillkürlich hob Julia die Hand ans Haar. »Ich nehm das mal als Kompliment.«

Ernsthaften Gesprächen im Stehen gegenüber von Natur aus abgeneigt, fragte Nick: »Was machst du denn jetzt? Hast du Lust, ein bisschen zu spazieren?«

Julia meinte, klar, gute Idee.

Gemeinsam verließen sie den geweihten Boden durch das überdachte Friedhofstor, das eine Seltenheit in dieser Stadt war.

»Also«, sagte Nick und musterte Julia, die ihn ebenfalls musterte, wobei beide sich zugleich sich selbst aus der Perspektive des jeweils anderen vorstellten, »wie geht's dir? Du siehst –«

»Gut geht's mir.«

»Du siehst auch gut aus.«

»Danke.«

»Wohin sollen wir gehen?«

Die regulären Koordinaten von Julias Orientierungssinn waren vorübergehend gestört; sie blieb stehen, um sich wieder zurechtzufinden. »Da lang.«

»Cool.« Mithilfe eines Schenkels verlagerte Nick das Gewicht der Topfpflanze von einer Körperseite auf die andere, hielt sie nun unter dem anderen Arm.

»Verrückt ist das«, sagte Julia. »Was macht einer wie du so weit hier draußen?«

Nick zuckte – so gut es mit der Pflanze ging – die Achseln. »Ich wohne in der Nähe.«

»Ach ja?«

»Ja. So fünfzehn Minuten zu Fuß.«

»Ist ja verrückt«, wiederholte sie, obwohl es so verrückt auch wieder nicht war; die meisten, die sie kannte, strandeten früher oder später hier an, wenigstens für eine Weile. »Und wie lange schon?«

»Ein Jahr vielleicht?«

Julia vermerkte innerlich, dass Nick ein langsamer Geher war, und sagte: »Du machst Witze.«

»Ja«, sagte er, »ich meine, nein. Ich wusste schon, dass du hier auch irgendwo wohnst. Ich hätte auch mal Hallo gesagt, aber –«

»Aber?«

»Na ja, ich hab gehört, du hast nicht mehr so viel mit Teddy und Roos zu tun, und ich wollte –« Er sah Julia an, dann an ihr vorbei. »Keine Ahnung. Nicht stören.«

»Nicht stören?«

»Na, weil Teddy meinte, du hast was mit einem Restaurantbesitzer oder so, und –«

»Mit einem Chefkoch, nicht –«

»Ah, stimmt, genau. Genau. Stimmt. Trotzdem, es klang, als hättest du einen völlig neuen Freundeskreis oder so. Dachte ich.«

»Ich hab schon noch mit Teddy zu tun«, verteidigte Julia sich, bevor ihr auffiel, dass ihr letzter Kaffee mit Teddy fast ein halbes Jahr her war. »Also ab und zu.«

Sie war tatsächlich aus dem Orbit ihres alten Freundeskreises gerutscht und wünschte jetzt, sie hätte dafür eine bessere Erklärung als »die Arbeit«. Aber sie hatte wirklich viel gearbeitet in letzter Zeit – in manchen Wochen stand sie sechzig Stunden in der Küche.

Trotzdem war es traurig, an all die alten Freunde zu denken, die sie nie traf, obwohl sie in der Nähe wohnten; an diese Leben, die inzwischen parallel verliefen, ohne sich je zu berühren.

Nick missverstand Julias kurzes Schweigen als Aufforderung, sie weiter über ihr Liebesleben auszufragen. »Und wie läuft das so?«

»Wie läuft was?«

»Mit diesem alten … Mit diesem Kerl. Dem Koch.«

Sie spazierten durch eine vor zehn, zwanzig Jahren

notorisch gentrifizierte Gegend, die derzeit offenbar re- oder hypergentrifiziert wurde: Wohnblocks wurden plattgewalzt, um Luxusapartments Platz zu machen; Boutiquen wurden zwangsgeräumt und wichen Ladenketten.

Dort fühlte Julia sich gefangen zwischen zwei gleich starken, miteinander konkurrierenden »Unterhaltung mit dem Ex«-Impulsen: ehrlich zuzugeben, was für ein kenterndes Chaos ihr Leben aktuell war, oder zu lügen und das Bild von »Alles wunderbar, läuft bestens« zu bewahren. »Läuft bestens«, sagte sie.

»Ach ja?«

»Ja.« Dann, um wenigstens so viel Wahrheit preiszugeben, dass sie sich nicht ganz wie eine Lügnerin fühlte: »Also, wir machen grade eine Pause, probeweise. Vorerst. Wir sind einfach sehr verschieden.«

»Ach so?«

»Ja. Beinah so verschieden, wie zwei Menschen nur sein können. Temperamentmäßig. Lebenserfahrungsmäßig.«

»Verstehe. Du hast eine klassische Ballettausbildung, und er hat das Tanzen bei den Kids auf der Straße gelernt.«

»Das trifft es eigentlich sogar ganz gut. Und ich hatte als Kind wirklich Ballettstunden.«

»Ich weiß«, sagte Nick. »Ich kenn ja deine Füße.«

Wie im Hintergrund eines alten Zeichentrickfilms wiederholten sich etwa viertelkilometerweise Filialen derselben Banken, Supermärkte, Caféketten und Wettbüros. In letzter Zeit fragte Nick sich oft, für wen diese Stadt eigentlich gedacht war.

»Wie meinst du das?«

»Na ja, für uns jedenfalls nicht. Diese Luxusbunker sind doch im Grunde bloß Geldspeicher für ausländische Investoren.«

Das hörte sich für Julia schwer so an, als probierte Nick hier frisch erworbenes Wissen aus. Und tatsächlich:

»Ich habe grade erst gelesen, dass mehr als die Hälfte der im letzten Jahr hier entstandenen Neubauten jetzt leer stehen. Weil sie in Wahrheit gar nicht für Menschen gedacht sind, sondern nur als Anlageobjekt für –«

Nick blieb vor einem Zebrastreifen stehen, Julia schob ihn sanft weiter. »Wir haben Vorfahrt.«

»Ja, klar«, sagte er, beäugte beim Überqueren aber einen nahenden Audi, der sein Tempo etwas zu langsam reduzierte. »Jedenfalls, ich schick dir den Artikel. Der Punkt ist, ich freu mich wirklich drauf, hier wegzuziehen.«

Julia hob mahnend einen Zeigefinger und trällerte: »Alle reden immer übers Wegziehen, aber keiner zieht je weg.«

»Oh, ich schon, ich setze mich wirklich ab.«

»Wann?«

»Ende des Monats.«

»Ach echt?«, stutzte Julia und beeilte sich, den Ausdruck wahrhaftiger Überraschung zu verbergen, der ihre Miene erfasst hatte. »Ich bin schockiert.«

»Du weißt doch erst seit zehn Minuten, dass ich hier bin.«

»Aber jetzt bin ich schockiert!« Auch auf die Gefahr hin, ehrlich aufgebracht zu wirken, beschloss Julia, ihre spontane Reaktion zu einem Meta-Witz darüber umzurüsten, wie absurd die Vorstellung doch war, sie könnte deshalb aufgebracht sein. »*Beleidigt* gradezu! Völlig außer mir! In Tränen aufgelöst! Wo ziehst du denn hin?«

Nick holte tief Luft, um etwas abgrundtief Lahmarschiges zu sagen: »Zurück zu meinen Eltern.«

Unsicher, was sie darauf erwidern sollte – aber ahnend, dass ihr für eine unverfängliche Antwort nicht viel Zeit blieb –, sagte Julia »Ach?«, wie eine Figur aus einer Historienschnulze.

Nick rieb sich mit der freien Hand die Nase. »Zumindest für eine Weile.«

»Wie kommt's?«

»Na ja, ich muss mal ein paar Sachen klarkriegen. Mein ganzes Leben, zum Beispiel.«

»Das – ich bewundere –« Hilflos suchte Julia nach irgendetwas Bewundernswertem an Nicks Lage »– deinen Mut.«

»Meinen Mut?« Er wirkte gereizt. »Mutig soll das sein, dass ich wieder zu meinen Eltern ziehe, weil ich mein Leben ohne sie nicht in den Griff kriege?«

Ich wollte doch nur nett sein, dachte Julia. »Genau«, sagte sie.

Die Straßen wurden sukzessive enger und belebter;

sie beide hatten Mühe, die vielen konkurrierenden äußeren Reize zu priorisieren.

»Da lang?« Julia zeigte in eine ruhige Nebenstraße.

Nick sagte, klar, und sie verließen das Zentrum von Gentrifizopolis; links und rechts wurden die Häuser immer schäbiger.

»Und was ist mit deinem Job?«

Nick positionierte die Topfpalme um, sodass ihr volles Gewicht auf seiner Hüfte ruhte wie ein Baby. »Was soll damit sein?«

»Willst du kündigen? Wenn du nach Hause ziehst?«

»Hatte ich nicht vor, nein. Werde wohl erst mal pendeln. Sind ja nur knapp anderthalb Stunden.« Beim Gedanken an die lange Strecke zuckte er etwas zusammen. »Also: von Tür zu Tür.«

Julia erinnerte sich gut, wie mies Nick an der Uni in organisatorischen Dingen gewesen war; wie ziel- und antriebslos er sich durch sein Masterstudium gewurstelt hatte. Sein Gebummel war ein entscheidender Faktor für ihre Trennung von ihm gewesen.

Bemüht, nicht voreingenommen zu klingen, fragte sie: »Was machst du denn inzwischen eigentlich?«

»Ich bin Texter. Bei einer Werbeagentur. Aber ›machen‹ tu ich da eigentlich nicht viel. Ich sitze bloß von früh bis spät vorm Rechner, und ab und zu sagt mir jemand, was ich schreiben soll.«

»Klingt interessant«, sagte sie optimistisch.

»Ist es aber nicht«, erwiderte er. Bei jedem Schritt pikten ihm die Blattspitzen der Topfpflanze nervig in die Wange. »Ich werde mich aber bald da wegbewerben; mein Leben auf die Spur bringen. Die Stadt ist auch nicht das Gelbe vom Ei. Mal sehen, was kommt.«

»Und schreibst du noch? Also *richtiges* Schreiben, mein ich?«

»Ich versuch's, klar, immer«, sagte Nick, peinlich berührt beim Gedanken an die Storys, Drehbuchskizzen und Romanprojekte, die er in letzter Zeit begonnen und wieder beerdigt hatte, weil sie sich nicht so reibungslos zusammenfügten wie seine Jugendwerke an der Uni.

Sie wechselten in eine ruhigere Straße mit weniger Zugriffspunkten auf Waren und Dienstleistungen.

»Und du? Wohnst du immer noch gern hier?«, fragte er, das Gespräch bewusst von seinen Schreibversuchen weglenkend.

»Ich? Ja, sehr«, sagte sie reflexartig und ruderte dann kleine Kreise in die Luft. »Also, aber, na ja, manchmal hab ich's schon auch etwas satt.«

»Ich mein«, fuhr sie nach kurzer Pause fort, »je länger ich hier lebe, desto mehr komme ich mir vor wie in eine Stadtmensch-Form gepresst. Zermürbt. Und dann fühle ich mich hoffnungslos verloren.«

Nick nickte. »Und was hält dich dann hier?«

Gute Frage.

Die naheliegende Antwort lautete: Wo sollte sie sonst hin? All ihre Freunde waren hier, auch wenn sie die nie traf, und auch ihr Job, obwohl sie den nicht leiden konnte. Angeblich war dies die Stadt der unbegrenzten Möglichkeiten. Eine echte Alternative gab es nicht, und das allein musste die lähmenden Lebenshaltungskosten und die fast nicht atembare Luft rechtfertigen.

Wenn sie ehrlich war, fielen ihr für alles, was sie an der Stadt mochte, hundert Dinge ein, die sie inzwischen an ihr hasste. Flüchtig überdachte sie ihr ganzes Leben als Erwachsene.

»Keine Ahnung«, sagte sie und lachte. »Diese Unterhaltung wird langsam ganz schön heftig.«

»Stimmt, tut mir leid«, sagte Nick und handelte ein neues Gleichgewicht zwischen sich und der Topfpflanze aus.

In einer Gegend mit bezahlbareren Mietwohnungen kamen sie an Dutzenden Paaren Mitte zwanzig vorbei, bei deren Anblick sich Julia einen seltsamen Augenblick lang fühlte, als wären auch Nick und sie ein Paar.

Sie blinzelte ein paarmal schnell, um ihre Gedanken umzulenken. »Aber sag mal, was soll eigentlich die Pflanze?«, fragte sie, um irgendwas zu sagen.

»Hm?«

»Warum kaufst du so ein Riesenteil, wenn du sowieso bald umziehst?«

»Dir entgeht wohl gar nichts, oder, Sherlock? Die ist für deine alte Freundin Roos.«

Julia schluckte, doch ihre nächste Frage klang trotzdem knochentrocken: »Wieso?«

»Ach, wir hatten in letzter Zeit ziemlich viel miteinander zu tun.« Er rüttelte den Topf, ließ die fächerigen Blätter rascheln. »Darum wollte ich ihr was zum Abschied schenken.«

Nick wartete auf eine Reaktion von Julia, doch die blieb aus. »Ruf sie doch mal an. Dann unternehmen wir was zu dritt.«

»Ja, das sollte ich echt mal«, sagte Julia. Was genau bekam sie hier zu hören, und warum fühlte sie sich davon derart überrumpelt? Waren ihr Ex und ihre Ex-beste-Freundin etwa –?

»Sie ist mit einem supernetten Kerl zusammen«, fuhr Nick fort. »Stanislaw. Erinnerst du dich noch?«

»Glaube schon, ja«, sagte sie, sofort niedrigstufig erleichtert. »Aus dem Jahrgang über uns?«

Auf der Straße überholte ein Bus ein Fahrrad; Nick sagte irgendwas, das Julia wegen des beschleunigenden Fahrzeugs nicht richtig verstand. Trotzdem nickte sie und sagte: »Klar.«

Das Thema Roos hatte sie veranlasst, einige Entscheidungen der letzten Jahre zu hinterfragen, die ihr zwar für sich genommen nicht weiter bedeutsam erschienen waren, sie aber – Schritt für Schritt und über viele Tage – in einen einsiedlerischen Workaholic ohne viele Freunde verwandelt hatten. Sie fragte sich, ob sie sich schon zu sehr verändert hatte, um noch an die alten Freundschaften anknüpfen zu können.

Versuchsweise blickte sie Nick an und durchstöberte ihren gemeinsamen Speicher privater Anspielungen nach einem Insiderwitz; Jahre zwischenmenschlicher Erlebnisse, die nur sie beide teilten. Ihr fiel nicht das Geringste ein.

Leichter, noch unsichtbarer Nieselregen hatte eingesetzt, manifestierte sich nur als Konstellation verfärbter, runder Flecken auf der Straße und dem Gehsteig.

Schön war das mit Julia, dachte Nick – und auf vielerlei Art tröstlich –, wieder so neben ihr zu existieren. Der warme, kaum merkliche Regen stellte den Augenblick sozusagen in motivischen Zusammenhang mit anderen wichtigen Momenten seines Lebens, die er im Regen erlebt hatte. Eines Tages würde er sie alle aufschreiben.

Dann fing er von den begrenzten Reserven förderbaren Erdöls auf der Erde an. »Weißt du noch, wie sich an der Uni alle den Kopf über das ›Fördermaximum‹ zerbrochen haben?« Seit Neuestem hatte er die schlechte Angewohnheit angenommen, ziellos in die halbnahe Ferne zu blicken, während er lang und breit auswendig gelerntes Internetwissen nacherzählte; diesem Laster gab er sich auch jetzt hin. »Ständig wurde debattiert und protestiert, weil es nur noch so wenig förderbares Öl gibt und diese geologische Knappheit in kürzester Zeit das Wirtschaftswachstum ausbremsen würde – sprich: Hyperinflation bei Handelsgütern, immer krassere Stellvertreter- und Ressourcenkriege und am Ende der Kollaps der Weltwirtschaft. *Aber*: Ist dir aufgefallen, dass inzwischen kaum noch jemand vom ›Fördermaximum‹ redet? Was seltsam ist, weil, wenn man genauer hinschaut, sagen die Experten immer noch, wir kämen diesem Fördermaximum jedes Jahr ein Stückchen näher – es sei bloß noch eine Frage von ein, zwei Jahrzehnten. *Anscheinend* kommt das daher, dass vor einigen Jahren ein paar Studien erschienen sind, die meinten, man bräuchte sich da keine Sorgen zu machen, das mit dem Fördermaximum sei Quatsch, aber *dann* kam raus, dass *diese* Studien allesamt von der Ölindustrie bezahlt wurden, um den Markt zu beruhigen oder so. Interessant, oder? Also, ist doch komisch, dass –« Er vierteldrehte sich zu Julia, um ihre Reaktion auf seine Worte einzuschätzen, merkte, dass sie nicht mehr neben ihm ging, vierteldrehte sich noch einmal und sah, dass sie schon vor einigen Sätzen seines Vortrags stehen geblieben war.

»Sorry, Nick«, sagte sie, ihr Smartphone in der Hand; Regentröpfchen glänzten wie Juwelen auf dem Display. Sie sah auf. »Ich hör dir zu, muss nur schnell eine Nachricht schreiben. Sekunde.« Beim Blick zurück aufs Display sah sie, dass es ihr irgendwie gelungen war zu tippen, was sie nur hatte sagen wollen: Sorry, Nick.

Obwohl er insgeheim fand, Julias Griff zum Handy habe den Zauber ihrer Zufallsbegegnung gebrochen, sagte er, Kein Ding.

Julia spürte seinen prüfenden Blick, während sie diverse Worte tippte und wieder löschte; sie bat ihn, woanders hinzusehen, was er auch tat.

»Schreibst du etwa einem *Mann*?«, fragte Nick und ging beim Wort Mann stimmlich im letzten Augenblick ein wenig hoch, um die Frage mit scherzhafter Betonung aufzuladen.

»Nein«, sagte Julia, »auch wenn dich das nichts angeht«, und das auf eine Art, fand Nick, die gleichermaßen erfolgreich seine Neugier und seine Neigung zu borniert-regressivem, heteronormativem Denken abstrafte. Kurz stellte er sich Julia in einer aufwendig produzierten Miniserie vor, in der sie gut ausgeleuchtete, kosmopolitische Affären mit Menschen sämtlicher Geschlechtsidentitäten jonglierte.

»Was gibt's da zu nicken?«, fragte Julia, während sie ihr Handy in der Vordertasche ihres Rucksacks verstaute.

»Ich hab doch gar nicht genickt.«

»Hast du wohl. Und wenn du's unbedingt wissen willst« – sie brachte sie beide wieder ins Gehen –, »geschrieben hab ich meiner Schwester.«

Genau in dem Moment, in dem Nick fragte: »Wie geht's ihr denn?«, sagte Julia: »Ich glaube, sie hat kalte Füße vor der Hochzeit.«

»Ach was. Ich wusste gar nicht, dass sie verlobt ist. Na ja, woher auch. Noch immer dieser Anwalt?«

»Ja. Äh, nein. Ein anderer Anwalt.«

»Die Geschichte wiederholt sich –«

»Und was du auch nicht weißt: Sie ist schwanger. Und zieht mit ihrem Verlobten nach Toronto.«

»To-*ron*-to?«, fragte Nick sinnloserweise.

»Exakt. Ihr Ehe-*mann* kriegt da eine fette Be-*för*-derung.«

»Wow. Und wirst du sie besuchen?«

»Ist schon ganz schön weit weg«, sagte Julia, »und teuer. Aber ja, bestimmt. Sobald es halt geht. Wenn das Baby da ist.« Sie biss sich in die Wange; die Zeit flog wirklich einfach so dahin. »Jedenfalls: Fördermaximum, ja. Ich glaube, vage kann ich mich noch dran erinnern, dass ich deshalb irgendwann empört war.«

An einer Ecke des Parks, den Julia auf dem Weg zu ihrem alten Job immer durchquert hatte, schlug Nick vor, sich an einem Baum unterzustellen – seine Arme brauchten eine Pause von der Pflanze. Klar, meinte Julia.

Er zündete einmal, zweimal eine selbst gedrehte Zigarette an, die sie ihn gar nicht hatte drehen sehen. Dann bot er ihr einen Zug an, den sie ablehnte.

Ringsum nieselte der Regen. Eine Weile sprachen sie über das postakademische Leben einiger Leute von der Uni; über einen gemeinsamen früheren Freund, der seit letztem Jahr im Grunde eine unbezahlte Vollzeitstelle als mikroberühmter Social-Media-Stänkerer hatte. Irgendwann schilderte Julia die voraussichtlichen Folgen des ungeregelten Vertriebs von Chlorhühnern auf die Gastrobranche.

Je länger sie sich unterhielten, desto weniger wusste Nick, was er noch sagen sollte. Kam ihm das nur so vor, oder hing da wirklich elefantengroß ein unausgesprochenes Thema in der Luft, ohne dass sie es beachteten? Aber welches? Der erbarmungslose Lauf der Zeit? Das Weltgeschehen? Der Umstand, dass sie einander früher einmal richtig glücklich gemacht hatten?

Nick fröstelte, streckte eine Hand aus dem Schutzschirm des Baums, um den Regenfall zu prüfen. »Okay, also, ich muss dann mal da lang.« Er zeigte in Richtung eines Viertels, das Julia nicht so gut kannte.

»Alles klar«, sagte sie. Einen einzigen, exakt bestimmten Augenblick lang gestattete sie sich ein wenig Enttäuschung.

»Das ist mein neues Ding«, erklärte er, »im rechten Moment zu verschwinden. Aber gut. Den Artikel schick ich dir, ja?«

»Das wäre nett.«

»Deine E-Mail ist noch aktuell?«

»Ja«, sagte sie freundlich, dachte dabei aber: Wer ändert denn bitte schön seine Mailadresse? »Und schick mir auch ein paar deiner Geschichten. Falls du die noch schreibst.«

»Gern«, sagte er, erneut peinlich berührt von der Erwähnung seiner Schreibversuche. Er zupfte sich einen verirrten Tabakkrümel von der Unterlippe. »Hat mich echt gefreut, dich zu sehen.«

Sie lächelte und überlegte unernsthaft, irgendwas Verrücktes zu tun – lauthals zu schreien, ihm eine zu knallen, ihn zu küssen –, nur um seine Reaktion zu realitätstesten. »Ebenso.«

»Gut«, sagte er; schüttelte den Kopf; wagte einen Blick in ihr Gesicht. »Kleine Welt. Obwohl, nein, eigentlich ist sie nur hier klein. Aber trotzdem.«

Sie umarmten sich, verabschiedeten sich, ließen sich allein.

Obwohl sie wusste, dass sie es nicht tun sollte, drehte sie sich noch mal nach ihm um. Erst aus der Ferne merkte sie, dass sie beide exakt das gleiche vegane Low-top-Unisex-Schuhmodell trugen, bloß in anderen Farbkombinationen. Sie überlegte, ihm zu schreiben und auf diesen Zufall hinzuweisen, ließ es jedoch bleiben. Das Umdrehen zeigte die erwartete Wirkung – sie war trauriger als vorher.

Nach und nach wurden sie in unterschiedlichen Richtungen wieder von der Metropole aufgesogen; egal welche Versionen egal welcher ähnlicher Gedanken ihnen auch noch durch den Kopf hallten.

Allein ging sie viel schneller, merkte schließlich, dass sie ein ganzes Stück zurückgelegt hatte, ohne an das Wohin zu denken, und korrigierte ihren Kurs nach Hause. Sie hatte letzte Nacht zu wenig geschlafen, vielleicht fühlte sie sich ja deshalb jetzt so seltsam und so blöde im Kopf.

Zwei Jahre, seit sie Nick zuletzt gesehen hatte. Moment, nein, das war falsch – drei. Er sah viel besser aus als damals; sie fragte sich, ob er das Trinken ganz gelassen hatte oder nur ein wenig kürzertrat.

Traurig, dass er jetzt zurück zu seinen Eltern zog, doch dagegen war wohl nichts zu machen. Vielleicht würde ihm das ja den nötigen Antrieb geben, sein Leben endlich in den Griff zu kriegen.

Sie war froh, dass sie ihm begegnet war, aber noch froher, jetzt wieder allein zu sein, wieder im Reinen. Es war anstrengend gewesen, diese Frau zu spielen, die immer alles richtig machte.

Über eine perlmuttfarbene Pfütze steigend, dachte sie, dass man gut achtgeben musste, wie man sich an Dinge erinnerte: nicht in simplen Revisionismus verfallen; nicht vergessen, dass romantische Erinnerungen so gut wie immer Hirngespinste waren.

Ein frischer Wind stärkte die Abwärtskraft des Regens. Kalt war es jetzt; fest zog sie an den Kapuzenbändeln von Ellerys altem Sweatshirt, zurrte sich den Kragen enger um den Hals – wie schnell doch das Wetter ungewöhnlich für die Jahreszeit wurde.

Sprach man vom Wetter überhaupt noch in den alten Jahreszeitbegriffen? Wurden Jahreszeiten noch wie früher designiert; galten dieselben Signifikanten noch?

Und: Sind Zufälle Botschaften von Gott? Julia war klar, wie verrückt sich das anhörte, doch sie war religiös erzogen worden und wusste genau, was ihre Mutter sagen würde: Das ist ein Zeichen.

Nein, sicher nur eine selbstwertdienliche Verzerrung. Was wie Synchronizitäten aussah, waren bloß blinde Affordanzen von Glück oder Unglück; schiere Schicksalsgunst des Nichts.

Aber dann. Das Chaos, das Leid – auf merkwürdige Weise, zu bestimmten Tageszeiten und in bestimmten Stimmungen, ergab all das auf seine Weise vollkommenen Sinn. »Sich der Gnaden Beistand zu ersehnen, ist aller Gnaden Anfang.« Solche Gedanken trugen sie in den langen Abend.

SUCHMASCHINENOPTIMIERUNG

Sechs weiße Männer zwischen siebenundzwanzig und fünfundfünfzig sitzen in einem Raum. Ihre spätfreitag-vormittägliche Konferenz ist vorbei, doch es ist noch unverhältnismäßig früh für eine Mittagspause.

Vor jedem der Männer liegt – auf dem großen Tisch in ihrer Mitte – ein tintenstrahlgedrucktes, spiralgebundenes Exemplar der Präsentation, die von einem der sechs Laptops gerade auf die matte Leinwand vor der schmaleren, fensterlosen der beiden tragenden Wände gebeamert wurde (die beiden nicht tragenden Wände sind milchgläserne Raumteiler, durch die das restliche Büro die Männer nur als trübe Umrisse erkennt.)

Die Männer, aufsteigend nach Körpergröße sortiert, sind: 5. Perry Avery; 4. Sean Townsend; 3. Fred Honey und Ray Bannon (Gleichstand); 2. Matt Maynard und 1. Chris Newland.

Sean Townsend, in der Regel der Erste, wenn es darum geht, die Post-Meeting-Stille zu beleben, widmet seine leitende Position in der Firma vollständig der Aufgabe, sich dumme Witze auszudenken.

Chris Newland niest dreimal schnell hintereinander; Matt Maynard wünscht ihm einmal Gesundheit.

Ray Bannon – der heute ein zungenfarbenes Chambrayhemd trägt, von dessen Anblick Perry Avery sich nur schwer losreißen kann – fragt in die Runde: »Wusstet ihr, dass Ontkean heute seinen letzten Tag hat?«

Fred Honey denkt sonst zwar nur selten an Henry Ontkean, doch die Kündigung verleiht dem Kündiger in seinen Augen einen gewissen heroischen Glanz; er bewundert Ontkean dafür, dass er sich aus dem Staub macht. »Schön für ihn. Haben wir schon Ersatz?«

»Wir hatten jemanden, eine Frau, aber die hat doch wieder abgesagt«, antwortet Maynard. »Irgendwas mit der Familie.«

Townsends Hirn setzt einen Witz ab: »Ontkean hört auf? Wow, große Fußstapfen!«

Fünf der Männer, auch Townsend, lachen über den Witz. Honey, der einzige Nichtlacher, setzt eine Problemlösermiene auf.

Bannon sagt: »Er ist schon ein echtes *Schwergewicht*.«

Townsend lehnt sich zurück und kippelt mit dem schwarzen Plastikstuhl: »Er wird auf jeden Fall eine *kolossale* Lücke hinter –«

»Was hat er denn vor?«, will Honey wissen.

»Ontkean?«, fragt Maynard zurück. »Hat er nicht gesagt. Na ja, ich hab auch nicht gefragt.«

Newland greift sich an das Schlüsselkartenband um seinen Hals; jeder Neuling im Gebäude kriegt so eins, doch kein anderer trägt es. »Ich hab gehört«, er lässt den Blick kurz durch den Raum schweifen, ehe er es doch nicht schafft, mit unbewegter Miene fortzufahren, »er wurde abgeworben, für einen Job als Testesser im M&M-Store.«

Mehr Gruppengelächter. (In einer Zimmerecke steht eine hohe, womöglich winterfeste Zimmerpflanze; aus der Entfernung ist schwer einzuschätzen, ob sie echt ist oder fake – Honey kann sich nicht entsinnen, dass sie je gegossen wurde; seit zwei Jahren nimmt er an den Freitagskonferenzen teil und könnte nicht sagen, ob die Pflanze in dieser Zeit gewachsen ist.) »Okay«, sagt Honey, »im Ernst jetzt«, und die Lacher ebben ab.

»Ontkean war elf Jahre hier«, sagt Bannon.

»Elf Jahre«, wiederholt Maynard und schüttelt den Kopf.

Avery sagt: »Ich bin vor acht Jahren eingestiegen. Mit fünfundzwanzig. War noch nicht verheiratet. Hatte keine Kinder.«

Vier der sechs Männer, die weder Fred Honey noch Sean Townsend sind, beißen sich in die Wange/Lippe und/oder nicken weise. Jeder der vier sinniert einen Moment darüber, wie schnell die Zeit vergeht; sieht jeweils ein anderes Frauengesicht vor sich.

Townsend, der seine Stelle durch Vitamin B ergattert und nie woanders gearbeitet hat als hier, hat einen neuen lustigen Einfall. Er spricht zu Avery, richtet den Witz aber an alle: »Vor acht Jahren hast du angefangen, und seit sieben bist du auf dem Absprung.«

Wieder fünfköpfiges Gelächter, dann werden noch mal Ergebnisse, offene Punkte und To-dos rekapituliert; am dringendsten muss Averys Präsentation noch einmal überarbeitet werden, bevor sie an den Kunden geht.

Das führt Bannon und Maynard zu ihrem allwöchentlichen Duolog darüber, wie sich der Projektabschlussprozess der Agentur streamlinen ließe, der nämlich jedes Mal ins Stocken kommt, sobald die Kreativabteilung sich einmischt. Zäh zieht sich die Diskussion hin, Townsend muss gähnen, und dann gähnt – weil er Townsend gähnen sieht – auch Honey. Kurz darauf gähnt Maynard.

Als Zeichen, dass die Konferenz endlich beendet ist, steht Avery auf und geht um den Tisch, sammelt die vorher ausgeteilten Ausdrucke wieder ein: »Mein Gott, dieses Hemd …«, denkt er, als er an Bannon vorbeikommt.

Newland steht auf, sagt irgendwas von süßem Gebäck im Pausenraum, dann erheben sich auch die anderen. Das Sextett geht durch die Tür und löst sich zügig auf.

In einem unbeschrifteten, unverklebten C4-großen Umschlag hat irgendwer Henry Ontkeans A4-große Scherzabschiedskarte zum Unterschreiben auf Fred Honeys Schreibtisch gelegt.

Die Karte ist aus einfachem Kartonpapier, auf der Vorderseite prangt ein typographisches Design aus diversen Kraftausdrücken und dem Namen »Henry« – wahrscheinlich wurde sie im Haus entworfen.

Honey klappt die Karte auf und überfliegt die bereits hinterlassenen handschriftlichen Grüße: »Du wirst uns fehlen«; »Alles Gute für die Zukunft«, »War schön, mit Dir zu arbeiten.«

Mit Kugelschreiber krakelt er in eine freie Ecke: »Wir bleiben in Verbindung«, gefolgt von seinen Initialen. Schwarz auf weiß – und so allein auf weiter Flur – klingt das jedoch viel zu förmlich, herzlos.

Honey überlegt, einen Smiley hinter das Wort »Verbindung« zu malen, lässt es aber bleiben. Er schiebt die Karte wieder in den Umschlag und legt ihn Chloe Daley auf den Schreibtisch.

»Was ist das denn?«, fragt Chloe Daley und beendet den Satz lächelnd.

»Nur ein kleiner Liebesbrief, Chloe«, entgegnet Fred Honey stehend neben der sitzenden Kollegin.

»Na endlich!«

Honey nimmt und kreiselt ein paarmal den mit dem Logo einer Tagung versehenen Fidget Spinner auf Daleys Schreibtisch. »Was machst du gerade?«

»Arbeiten«, sagt Daley.

»Bist du ablenkbar?«

»Ziemlich busy.«

»Demnächst Mittag?«

Für nicht leitende Angestellte bedeutet Freitag zwangloser Dresscode; Daley trägt ein vorgebleichtes, rotbraunes T-Shirt mit einem siebgedruckten, surfbezogenen Standardslogan. »Ja, aber eher hier«, sagt sie, einen Zeigefinger abwärts auf den Arbeitsplatz gerichtet.

»Rauchst du heute?«

»Vielleicht«, sagt sie. »Bin runter auf fünf pro Woche.«

»Na ja«, sagt Honey und legt den Fidget Spinner zurück, als dessen gewichtete Flügel langsamer werden und nicht mehr verschwimmen, »kannst dich ja melden, wenn du nach dem Essen noch süchtig bist.«

Weil sie so hübsch ist, hat Chloe die Macht, in fremde Träume einzudringen.

Fred Honey nimmt den letzten Kirschplunder aus einer offenen Schachtel mit Supermarkt-Gebäck, die ihren Zellophanschleier inzwischen völlig abgeworfen hat. Auf einem Post-it an der Wand dahinter steht: »Greift zu! Euer Henry«.

In der klimatisierten Luft ist das Teilchen fad geworden. Beim Essen taucht Honey ab in seine Lieblingsfantasie von seinem letzten Arbeitstag. Er wird ein Dutzend lochlose Premiumdonuts von Krispy Kreme mitbringen, über die sich himbeerglasiert der Schriftzug »FUCK YOU ALL« erstreckt – exakt zwölf Zeichen, einschließlich Leerstellen.

Ein paar Schritte entfernt von ihm wärmt ein schläfrig wirkender Nick Dwyer sich gerade Reste in der Mikrowelle auf.

»Hi, Nick«, nuschelt Honey durch einen Mundvoll Blätterteig. »Na, schon Wochenendpläne?«

Dwyer hat heute schon so lang nicht gesprochen, dass ihm zunächst die Lippen aneinanderkleben. Dann: »Ich glaub, ich – ja. Ich hab was – vor. Und selbst?« Die Mikrowelle klingelt; Dwyer nimmt eine offene Tupperbox mit einem ungefähr kubischen, querschnittigen Stück Lasagne heraus.

»Nichts Besonderes«, antwortet Honey. »Hast du Henrys Abschiedskarte schon unterschrieben?«

»Nein, mache ich aber noch«, sagt Dwyer. »Unverzüglich.« Hölzern und verkrampft; seine Art zu reden ist ihnen beiden peinlich. »Na ja«, er hält sein Mittagessen, das er immer früh und ganz allein isst, hoch und winkt damit, während er auf seine bemüht fröhliche Weise trällert: »Schönen Tag noch, Fred.«

Zum ersten Mal in der Geschichte der Menschheit muss man, wenn man das nicht möchte, seine eigenen Gedanken nicht mehr denken. Die Technologie hat brandneue Slots eröffnet, durch die der Konsument jederzeit auf ablenkende, substanzlose Entlastung zugreifen kann.

Jeder Mensch, mit dem man spricht, befindet sich dabei zugleich halb im amüsanteren, körperlosen sozialen Raum einer Bildschirmtangentialwelt. Gleichzeitig sind zwischenmenschliche Interaktionen im materiellen, nicht virtuellen Raum immer stärker mit diffuser Angst überfrachtet, die direkt mit der hochoptimierten Nutzerfreundlichkeit technologievermittelter Kommunikation zusammenhängt.

Je öfter wir per Bildschirm kommunizieren, desto

seltener und schwieriger werden Live-Interaktionen. Zumindest sieht Nick Dwyer das so.

Kate Batchelder sammelt ein paar lose Blätter auf dem Schreibtisch ein; klopft sie wie eine Nachrichtensprecherin zu einem ordentlichen Stapel zusammen. »Das wär's«, denkt sie entschieden, fertig mit den Aufgaben des Vormittags, »das wär's.«

Auf dem Weg zum Aktenvernichter denkt sie das gleich noch ein paarmal, freut sich an der uroborisch-logischen Schleife: »Das wär's das wär's das wär's.«

Am Schredder im Druckerraum steht bereits Chris Newland.

»Hi, Chris«, sagt Batchelder, doch der Gruß geht im Surren des Schredders unter. Ihr ist, als stünde sie zu dicht hinter dem Kollegen, also weicht sie zurück, bis sie mit dem Rücken an der Wand steht.

Newland ist so darin vertieft, Papier in das Schreddermaul zu füttern, dass seine Gesichtsmuskeln völlig erschlafft sind. Kaum hat er eine Akte eingeführt, zieht er auch schon die nächste aus einem Ringbuchordner mit der Aufschrift »Zur Vernichtung«.

Als er Batchelder schließlich doch bemerkt, zuckt er erschrocken zusammen. »*Scheiße!* Äh, sorry, Kate. Hab dich gar nicht gesehen. Bin hier gleich fertig.«

»Nur die Ruhe«, sagt Batchelder.

Doch weil Newland Newland ist, macht er zu schnell und hat den Schredder schon bald mit einem überdicken Stapel überfordert. Auf dem vorderen Bedienfeld blinkt eine sonst immer zuverlässig grün leuchtende LED auf einmal rot.

»Die Hölle auf Erden«, brummt er vor sich hin; die schlaffen Muskeln im Gesicht spannen sich an. Er versucht, den Papierstau händisch zu beseitigen, aber der Schredder spielt nicht mit. »Total. Unpraktisch«, sagt er, eine lange Pause zwischen beiden Wörtern.

Batchelder braucht einen Moment, bis sie auf die Idee kommt, ihre Hilfe anzubieten. »Soll ich vielleicht Gigi holen?«

Newland knurrt zweisilbig (»Nnn-mmm«) und läuft langsam magentafarben an, während er mit den feststeckenden Blättern ringt, von denen manche ihm schon in der Hand zerreißen.

Batchelder ist nicht so dumm, jemandem schlaue Tipps zu geben, der noch in der Anfangsphase seines Angepisstseins steckt. Trotzdem sagt sie: »Ich hol mal eben Gigi, der kriegt das immer –«

»Ich *schaff* das schon«, sagt Newland, sein Ton feindselig angehaucht. »Das klappt bloß nicht, solange du hier rumstehst und mir über die Schultern schaust.«

Ray Bannon hat sich sein Post-Scheidungs-Selbstbewusstsein mithilfe einer Kur aus hochintensivem Intervalltraining, gesunder Ernährung und maßvoller Beteiligung an Onlineforen von Pick-up-Artists und Männerrechtlern aufgebaut.

Ein nützlicher Trick, den Bannon in der Manosphere gelernt hat, ist, sich ein einzelnes Detail aus dem Privatleben seiner Kollegen zu merken und es im Gespräch mit ihnen ganz beiläufig zu erwähnen. Dadurch, so hofft er, wirkt er nett und charismatisch. Zum Beispiel: Chloe Daley trainiert für einen Halbmarathon; Leanne Kelly hat einen kleinen Sohn; Fred Honey hat eine schwere Trennung hinter sich.

Sean Townsend läuft auf dem Flur Gigi Parras über den Weg und sagt im Vorbeigehen: »Hey, Gi.«
Parras heyt zurück, sieht Townsend aber nicht an.

Gigi Parras gilt im ganzen Büro als grundintegerer Korinthenkacker.
Kommt donnerstags zwar mit zum Feierabendbier, trinkt aber keins. Ist unverheiratet und in unbestimmtem Alter. Nimmt nicht an der wöchentlichen Tippgemeinschaft im Büro teil. Wurde wochenends schon in exakt denselben sportlich-eleganten Outfits gesichtet, die er auch werktags trägt. Wird, wenn ohne sein Beisein über ihn geredet wird, höchstens kritisiert, weil er so spröde wirkt.

Zwar ist das Büro definitiv alt, aber es lässt sich unmöglich exakt bestimmen, in welchem Zeitalter es neu war.
Leanne Kelly erinnert sich genau, wie irgendwer mal sagte, die Zentrale von Pullman, Townsend und Pyatt sei 2002 eingerichtet worden, doch das Gebäude ist eindeutig älter – vermutlich Mitte Siebziger, frühe Achtziger.

Komisch, dass niemand aus dem Vorstand schnallt, wie viel leichter es wäre, seine Zeit an einem angenehmeren Ort zu fristen. Soll heißen: Warum uns hier unter Leuchtstoffröhren und vergilbten Zwischendecken sitzen lassen; warum uns beengte Schreibtische und uraltes Potpourri zumuten? Schon kleine Renovierungen würden eine Menge bewirken. Warum sollen wir nicht auch etwas Schönes haben?

»Eins will ich euch mal sagen«, sagt Perry Avery.

Ein paar von ihnen stehen im Pausenraum herum und diskutieren ein annähernd politisches Thema, das die Mainstream-Medien schon seit einigen Wochen beherrscht. Was als lockeres, zeitgeschehenbasiertes Zweiergespräch begann, ist inzwischen zu einem fünf laute Stimmen umfassenden Streit angeschwollen.

»Eins will ich euch sagen«, wiederholt Perry Avery und wiederholt dann außerdem – Wort für Wort – ein Argument, das er ein paar Autofahrten zuvor in einer Radiotalkshow gehört hat.

Als er fertig ist, bringt Sam Wendt ein Gegenargument vor, dem zwei der vier anderen im Pausenraum lautstark beipflichten.

Die Hauptbeipflichterin ist Chloe Daley, die leidenschaftlich und informiert über das betreffende Thema spricht, obwohl sie – ein ernüchternder Gedanke –, je länger sie darüber redet, zunehmend unsicherer wird, ob ihr die Sache ehrlich am Herzen liegt oder ob sie bloß eine Reihe vorgefertigte, ihr von einem riesigen multimedialen Sendeapparat eingetrichterte Stichpunkte nachbetet. Falls Ersteres: Warum ist es ihr dann nicht viel wichtiger? Falls Letzteres: Was haben all diese Gedanken dann in ihrem Kopf verloren?

Jetzt ergreift Chris Newland Partei für Perry Avery. (Als seine Blicke sich mit Daleys treffen, überfällt ihn ein Flashback zu einem kürzlich geträumten Traum, in dem er ihr wie ein Baby an der Brust genuckelt hat; das Traumbild springt ihm urplötzlich vor Augen, dann verdrängt er es genauso schnell wieder.)

Als Nächstes geht Wendt auf Newland los, dann antwortet Newland auf Wendt und Daley. Bei der Gelegenheit bemerkt Daley eine beträchtliche Menge zahnfleischangrenzender Beläge auf Newlands unterer Zahnreihe. Unwillig, den restlichen Newland zu betrachten, starrt sie ihm bei ihrer Gegenrede auf die Füße. Erneut beschleicht sie dabei das Gefühl von eben. Irgendwie klingt alles, was sie sagt, so unpersönlich; als benutze sie die Worte einer Fremden.

Dennoch scheint Ray Bannon – nickend, verschränkte Arme – Daleys Ansichten über das annähernd politische Thema vollauf zuzustimmen; er gibt leise, bekräftigende Brummlaute von sich.

Ihre Verwicklung in die Diskussion hat Daley sich selbst eingebrockt. Sie hätte Avery und Bannon niemals fragen dürfen, worüber sie sprachen; eigentlich wollte sie im Pausenraum nur frischen Kaffee aufsetzen.

Man beachte, wie Newland, der jetzt spricht, beim Blinzeln jedes Mal kräftig die Augen zukneift. Eine

Nervensache, die man, einmal bemerkt, nie wieder nicht bemerken kann – ein Tic, der schlimmer wird, wenn Daley in der Nähe ist, so, als ob er ihr mit beiden Augen zuzwinkerte.

Aus reiner Herzensgüte hört sie Newland zu; lässt ihn ihr ein paar Dinge erklären, die sie im Grunde schon längst weiß.

Dann fällt Wendt ihm ins Wort, und während die Männer streiten, verschwindet Daley leise aus dem Pausenraum. Erst am Schreibtisch fällt ihr auf, dass sie den Kaffee gar nicht aufgesetzt hat, wegen dem sie überhaupt erst in den Pausenraum gegangen war.

Gestern ist Gigi Parras nach Büroschluss noch geblieben, um eine anonyme Nachricht in der obersten Schublade von Sean Townsends Schreibtisch zu hinterlegen.

Nachdem Parras die sorgfältig formulierte Nachricht ausgedruckt und sich hinreichend hochgeputscht hatte, um sie auch zu überbringen – und nachdem er sich dreimal vergewissert hatte, dass die Putzkolonne wirklich mit dem Abenddurchgang fertig war –, schlich er sich halb kauernd (die Nachricht vierfach gefaltet in der Hemdtasche verstaut) durch das verlassene Büro.

Tiefer Atemzug, als er vor dem Schreibtisch auf die Knie ging; in einem Rutsch zog er die oberste Schublade auf, aus der ihm wie zum Gruß einige zerknüllte Kleenex entgegenrollten, die er zuerst für die abgeschnittenen Köpfe weißer Rosen hielt.

Als diese Kleenex – aus Parras' Perspektive – von bauschigen Blüten ganzjährig blühender Blumen in ihre tatsächliche, dreilagige Papierform morphten, knallte er die Schublade angewidert zu; sprang von plötzlichem Schauder gepackt auf und durchmaß mehrmals im Kreis gehend das leere Büro, die Nachricht immer noch gefaltet in der Hemdtasche, die Hände durchgehend in den Hüften.

Im Laufe ihres Lebens und in ihrer beruflichen Laufbahn hat Kate Batchelder gelernt, Unannehmlichkeiten zu ertragen, indem sie sich gezielt davon ablenkt. Ein Beispiel: Bei der Dateneingabe hört sie Podcasts, um sich völlig von der Arbeit zu distanzieren.

Als er am Pausenraum vorbeigeht, sagt Ray Bannon »Ladys« und grüßt doppelnickend Chloe Daley und Leanne Kelly, die sich – kaum ist er außer Hörweite – über seine kalkulierte, sterile Freundlichkeit lustig machen; darüber, wie er es in Unterhaltungen jedes Mal schafft, diese einzigartige Balance aus kühler Sachlichkeit und seltsamer Vertrautheit zu wahren. »Man kommt sich vor, als spräche er mit seinem Spiegelbild«, sagt Daley, »als würde er *üben*.«

»Er fragt mich andauernd nach meinem Sohn«, sagt Kelly. »Gruselig ist das.«

»Und dieses Aftershave«, Daley wirft einen Blick über die Schulter, vergewissert sich, dass Townsend wirklich weg ist, »sogar wenn er geht, bleibt er irgendwie zurück. Wie ein Parfümgeist, der jeden Raum durchspukt, den er betreten hat.«

All das, gepaart mit diesem peinlichen Croupier-Style aus Weste und Pomade, meint Kelly, »zieht einen richtig runter, wenn man mit ihm redet«.

Als amtierender IT-Beauftragter hat Gigi Parras Back-end-Zugriff zu der auf sämtlichen Desk- und Laptops des Büros installierten, tastaturanschlägezählenden Mitarbeiterüberwachungssoftware.

Theoretisch ermöglicht diese Software es ihm, anonymisierte, unverfälschte Datensätze zu erstellen, aus denen sich Einsichten über Mitarbeiterengagement und Cyberrisiken gewinnen lassen, die dem Unternehmen den doppelten Nutzen einbringen, 1. die Effizienz zu erhöhen und 2. die IT-Sicherheit zu optimieren. Praktisch benutzt er sie, um das digitale Privatleben seiner Kollegen auszuspionieren.

Über das Management-Interface kann Parras in Echtzeit alle Daten überwachen, die die anderen in ihre Rechner füttern: jede abgesetzte Nachricht, jede winzige Notiz, jede Anfrage an eine Suchmaschine. Der Zugriff auf diese Informationen, findet Parras, ist im Grunde das moderne Äquivalent zu göttlicher Allwissenheit.

Nichts in den Nutzungsbedingungen der Software oder den Privatsphärebestimmungen der Firma verbietet ihm ausdrücklich den Betrieb dieses digitalen Privatpanoptikums, doch er hält es trotzdem streng geheim, weiß genau, dass er arglistig ein Schlupfloch ausnutzt, das von einer seltenen Konstellation mehrerer Steilvorlagen abhängt, die alle mit der kürzlich erfolgten Restrukturierung und folgenden schlechten Verwaltung interner Ressourcen von PT&P zu tun haben – das Einzige, was er wirklich verletzt, ist also das Vertrauen seiner Kollegen, und das stellt formal noch keinen Kündigungsgrund dar.

Nur mit Mühe kann Nick Dwyer seine Augen auf dem Bildschirm halten, um den Textabschnitt zu lesen, den er für Perry Avery redigieren soll. Nicht mal mit all seiner Willenskraft bringt er die nötige Leseenergie auf, um die auf seinem Laptop geöffneten Sätze zu verarbeiten, ohne nach jedem Wort eine Pause zu machen und darüber nachzudenken, wie unfassbar ermüdend diese simple Aufgabe doch ist.

Die knapp zweihundert Wörter, die er zu redigieren hat, sollen eine Präsentation einleiten, die noch vor Feierabend intern abgesegnet und dem Kunden übergeben werden muss. Faktisch ist das höchstens eine halbe Stunde tatsächliche Arbeit, doch die Aufgabe wird Dwyer trotzdem mindestens drei Stunden kosten – zumindest wird er das als die erforderliche Arbeitszeit eintragen, wenn er später seinen Stundenzettel ausfüllt.

Ohne ein gewisses Maß an Ineffizienz werfen kleine Projekte wie das hier keinen Profit ab: Das bürokratische Geschäftsmodell des Kreativgewerbes besteht darin, professionelle Ressourcen strategisch zu verschwenden – quasi das Gegenteil von Arbeitsersparnis. Je mehr Arbeitszeit die Firma für ein Projekt aufwendet, desto mehr kann sie dem Kunden in Rechnung stellen. Das beste Arbeitsethos, das man in diesem Laden haben kann, ist ein schlechtes.

Dwyer markiert und entmarkiert ein Stück elektronischen Text; nimmt ein paar minimale grammatikalische Verbesserungen vor; dreht ein paar Sätze vom Passiv ins Aktiv; verdummt ein paar clevere Wörter und verclevert ein paar dumme. Aber ganz ehrlich, man könnte den ganzen Quatsch auch durch ein paar Zeilen »Lorem ipsum« ersetzen, und kein Schwein würde es merken; die Kunden interessieren sich sowieso bloß für Grafiken und Überschriften.

Im Dokument blinkt erwartungsvoll der Cursor. Dwyers Mousepad mit Handgelenksstütze aus Memory-Foam juckt ihn an der Haut.

Von links nach rechts zwingt er den Blick über den nächsten Satz, lässt dabei ein kleines Säugetiergewimmer fahren – jedes Wort entzieht ihm etwas Lebenskraft.

Seine Gedanken schweifen ab, und er öffnet aus Reflex den Webbrowser; versinkt in einen tranceähnlichen, internetinduzierten Zustand sensorischer Verschiebung; vergisst völlig das Handgelenk auf dem ergonomischen Mousepad.

Er öffnet zwei neue Tabs, um an seinen wichtigsten privaten Nebenprojekten zu arbeiten; wenn er in eins der beiden abtaucht – in die langen Mails an Julia oder in die Shortstorys, die er heimlich bei der Arbeit schreibt –, fliegen die Stunden voller Sinnhaftigkeit dahin.

Bloß, dass sie so geheim nicht sind, die Storys – oder auch die Mails an Julia –, weil Gigi Parras jeden Klick und jeden Anschlag, den Nick Dwyer in den Firmenlaptop eingibt, in Echtzeit mitverfolgt.

Im Augenblick schreibt Dwyer offenbar das Ende einer seiner Storys um und redigiert dabei nur ab und zu ein bisschen einen Text, der schon längst fertig sein könnte.

Natürlich ist es unglaublich peinlich, beim Rumdaddeln im Netz beobachtet zu werden, aber es ist auch quasi fremdpeinlich, jemandem beim Daddeln zuzusehen. Obwohl Parras sich für sein Spionieren schämt, kann er einfach nicht wegschauen.

Seine Durchwahl klingelt; er geht ran; Chloe Daley, mit einer Technikfrage. Immer wenn sie einen neuen Tab im Browser öffnet, lädt der eine Website namens »about:blank«. Was kann sie dagegen tun?

»Das ist normal«, sagt Parras.

»Echt? Mir kommt das ziemlich unnormal vor.«

»Du kannst die Startseite mit der Toolbar deines Browsers einrichten.« Eine Pause. »Oder in den Einstellungen.« Noch eine Pause. »Soll ich gleich mal raufkommen und es dir zeigen?«

»Das wäre nett.«

Irgendwas ist immer. Perry Avery kann sich nie mit einem Drucker verbinden. Das WLAN im Besprechungszimmer ist zu lahm. Letzte Woche ging eine Phishing-Mail im Büro herum, die vor einer im Büro herumgehenden Phishing-Mail warnte.

Parras checkt Daleys Laptop nach interessanten Aktivitäten; sieht in seiner Keylog-Anzeige, dass sie die letzte Viertelstunde ihre Suchmaschine nach dem »about:blank«-Problem befragt hat.

Unterdessen sucht Leanne Kelly nach der Körpergröße einer Prominenten und lässt dann diese Größe von Metern in Fuß und Zoll umrechnen.

Caroline Rochefort recherchiert mögliche Kandidaten für eine Projektleiterstelle auf einer Karriereplattform.

Kate Batchelder liest einen Werbeartikel auf einer Webseite von Condé Nast.

Und Sean Townsend – na, dazu kommen wir gleich noch.

Parras nimmt sein Mittagessen aus der Tasche – einen Energydrink und einen aluverpackten Frischkäsebagel; macht ein wenig Stuhlyoga, kreist die unterbeanspruchten Schultern; beugt sich nach links und rechts, vor und zurück, dehnt Seiten und Lenden.

Anderswo im Netzwerk scrollt Fred Honey sich mit einem anonymen Fakeaccount parasozial durch Chloe Daleys Instafeed. Das macht er (Honey) alle paar Stunden, sieht Daleys Fotos, Clips und Storys durch; verfolgt bereits seit Monaten online ihren Wellnesstrip.

Wie das wohl sein mag, fragt sich Parras, so Chloe-Daley-hübsch zu sein? Täglich niedrig-dreistellige Besucherzahlen auf seinen Social-Media-Profilen zu haben? Dauernd in einen virtuellen Spiegel zu blicken, der einem versichert, wie gut man aussieht? Ihren Instafotos nach zu urteilen, ist das sicher nicht so übel.

Während er durch ihre Selfies scrollt, sinniert Parras über das Wesen von Daleys Gesicht. Wie jede Art der Information erscheint es ihm immer wertloser, je länger er ihm ausgesetzt ist.

Sich erinnernd, dass er gegenüber der Besitzerin dieses Gesichts eine berufliche Verpflichtung hat, minimiert Parras die Fotofantasie und steht von seinem Stuhl auf. Mit einem vom langen Sitzen eingeschlafenen Bein taumelt er nach oben wie ein Zombie.

Seit Nick Dwyer letztes Jahr wieder bei seinen Eltern eingezogen ist, fahrgemeinschaftet er morgens häufig mit Ray Bannon in die Arbeit, wobei manchmal – nach den von Bannons Sorgerecht vorgesehenen Übernachtungen – dessen gruselige, übertrieben höfliche Zwillinge auf dem Rücksitz seines mittelgroßen Kombis sitzen. Bannons Kinder sehen aus wie alte Männer und kriegen kaum den Mund auf; bedienen ständig nur ihre tragbaren Kommunikationsgeräte.

Der Luftauffrischer am Rückspiegel ist so ein baumförmiges Mentholding. Jahrelange Sonneneinstrahlung hat den Duft längst ausgetrocknet.

Fred Honey hatte eine schöne Kindheit auf dem Land, für die er jetzt, so scheint es ihm, bezahlt. In seiner Jugend hat er viel gelacht; einen natürlichen Draht zu Musikinstrumenten gehabt; an seiner Schule die Begabtenklassen besucht; Mannschaftssportarten ausgeübt etc.

Heute, Ende seiner frühen Dreißiger, ist er etwas zum Einsiedler mutiert: Unter der Woche zockt er solo oder ab und zu mit seinem Mitbewohner; an den Wochenenden geht er mit ein, zwei Außenweltfreunden in einer überfüllten und -teuerten Bar was trinken.

Einem dieser Freunde hat Honey neulich gesagt, es komme ihm so vor, als lebe er seine Tage stapelweise.

Als der Freund ihn fragte, was genau er damit meine, sagte Honey, was er in letzter Zeit bezüglich seines Lebens hauptsächlich empfinde, sei, dass er jeden einzelnen Tag als überlagert von allen vorigen erlebe, dass seine Tage also quasi immer dicker würden; von der sich aufschichtenden Erinnerung an all die vergangenen, beinahe identischen Tage erdrückt.

Seine aufkeimende Sorge herunterspielend, bat ihn der Freund, der einen B.Sc. (mit Auszeichnung) in Psychologie hat, das etwas weiter auszuführen.

Es sei, als würde die Welt um ihn erstarren, sagte Honey und nippte die Schaumkrone von seinem Bier, »durch pausenlose Wiederholung, quasi. Also sozusagen, je öfter ich dasselbe tue, desto schwerer wird die Wirklichkeit um mich herum. Und je mehr alles gleich bleibt, desto tiefer stecke ich in dieser Wirklichkeit fest, desto schwerer fällt es mir, daran noch etwas zu ändern. Und allmählich komme ich völlig zum Stillstand, so fühlt sich das an. Wie in Entropie versinken.« Und um mit einem Witz zu enden, fügte er hinzu: »Anders ausgedrückt, bloß eine stinknormale Wald-und-Wiesen-Depression.«

Der Freund lachte. Überlegte noch, wie er Honey am besten und subtilsten dazu bringen könnte, sich ein wenig mehr zu öffnen, als der das von alleine tat.

»Das ist wie – Kennst du das Gefühl, als hätte man sein ganzes Glück im Leben gleich zu Anfang aufgebraucht?«

Nein, eigentlich nicht, sagte der Freund.

»Oder bei der Arbeit, hast du da manchmal das Gefühl, etwas sei am Vormittag passiert, aber dann wird dir bewusst, dass es in Wahrheit schon … eine Woche her ist? Oder einen Monat? Ein Jahr?«

Klar, sagte der Freund.

»Siehst du, genau so geht es mir. Aber die ganze Zeit.«

Erst als die Klimaanlage in seinem Vorstandsbüro plötzlich zu lärmen aufhört, merkt Matt Maynard, dass er sie die letzten beiden Stunden durchgängig gehört hat. Jetzt ist es fast, als hätte sich eine ganz neue Tiefenschicht der Stille unter dem aufgetan, was er zuvor für deren absolute Nulllinie gehalten hat. Als könnte er jetzt wirklich denken.

In der Frauentoilette verreibt Kate Batchelder einen Klecks Gesichtscreme auf dem periorbitalen Bereich unter den Augen, wo sich ihre Haut am frühen Nachmittag stets devitalisiert anfühlt.

Auftritt Chloe Daley und Leanne Kelly. Die Frauen sagen Hey; stehen aufgereiht vor dem wandbreiten Spiegel an drei eiförmigen, in den Waschtisch eingelassenen Waschbecken.

Batchelder findet es leicht demütigend, vom selben Spiegel eingerahmt zu werden wie Daley und Kelly, neben denen sie sich hässlich fühlt. (Hinsichtlich der Produkte, die ihnen online vermarktet werden, fallen alle drei in dieselbe Alterskohorte.)

»Wie geht's dir, Kate?«, fragt Daley netterweise proaktiv.

»Danke, gut, super«, sagt Batchelder, vielleicht etwas zu fröhlich.

Daley glosst sich die Lippen, Kelly zieht an einer E-Zigarette, deren Spitze glutrot leuchtet. Kelly sagt: »Hab ich schon erzählt, dass *er* mich gestern Abend angerufen hat?«, richtet ihre Worte eindeutig an Daley und lässt Batchelder links liegen.

Kurz – vielleicht entschuldigend – linst Daley zu Batchelders Spiegelbild, dann dreht sie sich zur Real-Life-Kelly um. »Nein, was hat er denn gesagt?«

Daley und Kelly setzen ihr halbprivates Gespräch fort; Batchelder feuchtet stumm ihre Gesichtshaut nach. Die Kluft ist klar.

Seit ihrer Schulzeit hat diese Dynamik sich für Batchelder in den verschiedensten Kontexten bestätigt: Schöne Frauen wie Daley und semischöne Frauen wie Kelly leben in der einen Wirklichkeit, und sie, Batchelder, in einer völlig anderen.

Während sie, halb dem Gespräch von Daley und Kelly folgend, ihre Gesichtscreme zudreht, denkt Batchelder über die Vorliebe der Welt für schöne Menschen nach – und über ihr unfaires Vorurteil gegen die weniger attraktiven. (Dass es dieses Vorurteil tatsächlich gibt, merkt man daran, dass kaum jemand dazu steht.) Andererseits ist das Leben der meisten Menschen eine einzige Schinderei, also ist es wohl verständlich, dass sie, vor die Wahl gestellt, lieber möglichst häufig schönen Gesichtern ausgesetzt sind.

Lustig: Würde jemand einen Film über Batchelder drehen, dann würde er dafür wahrscheinlich eine attraktivere Schauspielerin besetzen, bekäme so aber nie wirklich zu fassen, wie es sich anfühlt, die Protagonistin ihres wahren Lebens zu sein; jede Darstellung wäre zwangsläufig eine Verschönerung (und Auflösung) einer ihrer wichtigsten Eigenschaften: ihrer Unansehnlichkeit.

Die Gesichtscreme in der Hand, verabschiedet Batchelder sich von Daley, nickt Kelly zu und geht. Auf dem Weg zum Schreibtisch merkt sie, dass sie sich getäuscht hat – was sie gerade dachte, würde nie passieren. Wäre sie eine Figur in einem Film, das ist doch klar, dann wäre sie nicht die Protagonistin, sondern deren Freundin.

Sie nennen es Kantine, dabei ist es nur ein großer Raum mit drei Snackautomaten und einem Dutzend kreisrunder Klapptische auf einem leicht zu wischenden Fußboden. Jeder Tisch verfügt über sechs mit Alurohren an seiner Unterseite befestigte Stühle.

Um einen dieser Tische sitzen Fred Honey, Sam Wendt, Perry Avery, Sean Townsend und Caroline Rochefort; ein Stuhl ist noch frei.

Wendt fragt: »Nimmt von euch eigentlich jemand Vitamine?«

»Eine Multi«, antwortet Avery. »Jeden Morgen.«

»Ich hab 'ne Weile Omega-3 genommen«, sagt Honey, »aber jetzt nehme ich gar nichts mehr.«

»Sollten wir nicht alle Vitamin D nehmen?«, fragt Rochefort. »Haben wir nicht angeblich alle chronischen Vitamin-D-Mangel?«

»Vitamin *P* kannst du jederzeit von mir haben, wenn du willst«, sagt Townsend, zwinkert Rochefort zu. »Eine *Riesendosis*.«

»Wow«, sagt Rochefort ausdruckslos.

»Ganz toll, Sean«, sagt Avery, reißt ein leeres Zuckertütchen in zwei Hälften, dann in Viertel.

»Ich hab mal so ein Probiotikzeugs genommen«, sagt Townsend, »für meine Darmflora.«

»Bitte, nicht beim Essen, okay«, sagt Honey, den ganzen Mund voll Sandwich, doch es ist bereits zu spät; beim Kauen schmeckt er klar und deutlich das Wort »Darmflora«.

Chloe Daley betritt den Raum, und die Luft wird

plötzlich frischer. Sie winkt den fünf am Tisch zu; die fünf winken zurück. Honey wechselt von bequemem zu geradem Sitzen.

Wendt sagt: »Ich glaub, ich sollte Multivitamine nehmen.«

Townsend wartet noch, bis Honey einen neuen Bissen seines rechtwinkligen Sandwichs genommen hat, bevor er sagt: »Zink soll ja angeblich die Spermienzahl erhöhen – hast du's vielleicht darauf abgesehen?«

Honey versucht, Townsend zu ignorieren; denkt sich selbst weit weg von hier.

»Wirklich toll, Sean«, sagt Avery.

»Was denn?« Townsend schlürft Orangensaft aus einer »Nicht für den Einzelverkauf bestimmt«-großen Trinktüte.

Hinten im Raum bedient Chloe Daley den linken der drei Automaten, offenbart, als sie sich bückt, um den von der Maschine ausgespuckten Artikel zu entnehmen, einen Hauch Taillenhaut. Townsend sieht ihr zu und sagt: »Soll ich jetzt sabbern oder pfeifen?«

»Hat irgendwer heute schon Henry Ontkean gesprochen *slash* gesehen?«, fragt Honey, den Blick fest auf sein Sandwich gerichtet.

»Ich, vorhin irgendwann«, sagt Wendt.

»Ist sein letzter Tag heute«, sagt Avery, »stimmt's?«

»Stimmt«, sagt Honey. »Ist was geplant? Drinks oder so?«

»Nein«, sagt Rochefort, »aber wir sollten ihn unbedingt noch mal für uns tanzen lassen, ehe er geht.«

»Tanzen?«

»Weißt du nicht mehr, wie er den Hustle getanzt hat, bei der Weihnachtsfeier damals?«

Honey nickt, hat keinen Schimmer. »Ah, stimmt, klar.«

»Ich erinner mich an eine flotte Schuhsohle«, sagt Avery.

»Ich erinner mich an eine fette Hupfdohle«, sagt Townsend.

»Gaaanz toll, Sean.«

»Mann, wieso musst du bloß immer solchen Mist labern?«

»So bin ich eben, Schätzchen. Wenn's dich stört, geh doch zur Personalabteilung.«

Honey blickt zu Rochefort alias die Personalabteilung. »Wann wird der Kerl endlich gefeuert?«

Rochefort zuckt die Achseln. »Sobald er nicht mehr lustig ist.«

»Mal im Ernst.«

»Okay, ›mal im Ernst‹: Er ist gefeuert.«

»Du kannst mich nicht feuern«, kontert Townsend trocken. »Ich kündige.«

»Zumindest eine Disziplinarmaßnahme. Irgendwo muss es doch auch mal Grenzen geben.«

»Und wer gibt *dir* das Recht zu sagen, wo die Grenze ist?«, motzt Townsend, zeigt echten Ärger.

Honey hebt kapitulierend die Hände; seitenblickt Daley nach, als diese durch die Tür verschwindet. »Ich mein ja bloß.«

»Ah, er meint ja bloß«, sagt Townsend und zieht am Strohhalm seiner hörbar beinah leeren Safttüte. »Er meint bloß.«

Zwei Dinge bereut Fred Honey wirklich im Leben, und an die denkt er abwechselnd fast jeden Tag – so wie unruhige Schläfer die Körperseite abwechseln, auf der sie nachts im Bett liegen.

Nummer eins: Er hätte sich nicht von X trennen dürfen. Kleinlich und borniert war das; eine überhastete Entscheidung, deren Tragweite ihm erst danach – zu spät – klar wurde. Im Büro denkt er gar nicht so oft an X, weil er sich die Erinnerungen lieber für abends aufspart, als was Besonderes; aber die X-bezogene Sache, an die er sehr wohl bei der Arbeit denkt, das ist die Trennung selbst: die Nacht der Tränen, die gegenseitigen Vorwürfe, der schließliche Auszug.

Nummer zwei: die Karriere, die er eingeschlagen hat, beziehungsweise deren praktische Nichtexistenz. Nachdem er sich durch sein Studium in Kritischer Theorie mit einer »Sagt mir einfach, was ich denken soll«-Mentalität gewurstelt und deshalb auch eher enttäuschende Noten erhalten hatte, schnellte er den Großteil des folgenden Arbeitsjahrzehnts wie eine Flipperkugel zwischen tristen Teilzeitstellen in diversen austauschbaren Büros herum, bevor er eine feste – und daher geringfügig ranghöhere, geringfügig besser bezahlte, geringfügig weniger triste – Stelle bei PT&P angenommen hat. Der Plan war, dort etwas Nützliches zu lernen:

irgendwelche langweiligen, aber übertragbaren Fähig-
keiten, mit denen er zu einem hoffentlich noch etwas
besser bezahlten und noch etwas weniger tristen Job
branchenswitchen könnte. Das ist jetzt schon über zwei
Jahre her, und wo ist er inzwischen gelandet? Versumpft
im mittleren Management, niemals befördert worden.
Gleichzeitig zu gut und doch nicht gut genug.

Das Interessante an einem Leben, das einem kein
bisschen gefällt, ist: Wenn jeder Tag schlimmer ist als
der davor – wenn man nicht den kleinsten Anlass hat,
auf eine bessere Zukunft zu hoffen –, wird die Vergangenheit im Vergleich nur immer schöner; sie scheint sich
wirklich zu verbessern, obwohl sie per definitionem fix
ist. Dank der wachsenden Kraft seiner Nostalgie hat
Honey X nie so sehr geliebt wie heute; erschienen Studium und Schulzeit ihm nie magischer.

Die Erinnerungen an glücklichere Zeiten, die sein
Hirn auf Autoplay abspielt, werden immer hochauflö-
sender und detaillierter, während die Gegenwart nach
und nach zu kaum verarbeitetem Brei zerschwimmt.
Und selbst jetzt, so weit im Erwachsenenleben, wünscht
der Gegenwarts-Honey sich noch genau wie seine jüngere Version, irgendein netter Mensch käme daher und
würde ihm sagen, was er tun soll.

Was ist es an der Sesshaftigkeit – also am simplen, dau-
erhaften auf derselben Stelle Sitzen –, das einen zum
Kopfzerbrechen bringt, zu ungesundem Grübeln und
seltsamen Manien? Der stillgelegte Körper im Büro

neigt zum Verfall, denkt Gigi Parras. Vielleicht ist der menschliche Verstand evolutionär dazu bestimmt, sich zu bewegen; muss vom Wind durchpustet werden, um zu wissen, dass er lebt?

Die hyperreale Bildschirmwelt ist definitiv eine andere Liga als die feindselige graue Wirklichkeit, in der die Bildschirme, die diese Welt anzeigen, tatsächlich und materiell existieren. Social-Media-Plattformen haben all die Aspekte unseres Lebens, die sie anfangs nur darstellen sollten, mittlerweile vollkommen ersetzt.

Tag für Tag, Stunde um Stunde, beobachtet Parras die Massentrance seiner Kollegen; in Computerbetriebszeit geklinkte Hippocampi, die bedeutungslose Digitalgespenster konsumieren, gewaltige Informationsströme absorbieren; Spieler im Bann der vielfältigen Belohnungen eines einarmigen Banditen.

Nehmen Sie nur mal sich selbst: Vor einigen Jahren, als Sie Ihr erstes Smartphone besaßen, checkten Sie es, na, alle paar Stunden? Seien Sie ehrlich, oft haben Sie sogar vergessen, dass Sie überhaupt eins besaßen; oft hatten Sie keine Ahnung, wo es war.

Cut, heute: Wann haben Sie zum letzten Mal eine komplette Shortstory gelesen, ohne zwischendurch einen Blick auf Ihr Handy zu werfen; Ihre Feeds zu checken? Wie war das bei Ihren Vorvätern und -müttern: Gingen die vielleicht jede Viertelstunde zum Briefkasten? Was genau ist da eigentlich los?

Erst heute hat sich Parras beim Lesen einer Mail an seinem Laptop dermaßen gelangweilt, dass er sich eine kurze Pause weg vom Schreibtisch gönnen wollte – nur um sich wenig später dabei zu ertappen, wie er in Gedanken dieselbe Mail auf seinem Smartphone öffnete.

Parras linst zur Zeit-und-Datum-Anzeige in der Ecke des Bildschirms. Vier Stunden noch an diesem Arbeitstag. Nur nicht zu viel an Sean Townsend denken.

Fred Honey und Matt Maynard sind je nur einen Kopf größer als Chloe Daley, aber neben den beiden draußen im Raucherbereich zu stehen, hat auf Daley die sonderbare Kombiwirkung, dass sie sich insgesamt zwei Köpfe kleiner fühlt.

»Wisst ihr was?«, fragt Maynard.

»Wahrscheinlich nicht«, sagt Honey schmollend; er dachte, er könnte mit Daley hier allein sein, dann hat Maynard sich dazugesellt.

»Was denn?«, fragt Daley.

»Ich glaube, ich hab noch nie mit Henry Ontkean geredet.«

Daley wirft sich eine Hand aufs Herz. »Oh, der ist sooo nett! Aber total schüchtern.«

Honey lehnt sich an den erhöhten Mittelteil der nur selten benutzten Picknickbank. »Ist der nicht im Insight-Team?«

»Glaub schon, ja.«

»Bist du da nicht auch?«

»Ich bin im Workflow-Team«, sagt Maynard.

Honey nickt, denkt über die unterschiedlichen Teams nach, vergisst (und überlegt) nach einer Weile, wie er darauf überhaupt kam – was ihn wiederum auf den Gedanken an Ontkean zurückbringt.

Henry Ontkean hat lange vor Honey in der Firma angefangen und gehört in dessen Augen praktisch schon zum Mobiliar. (Schwer, sich Ontkean in irgendeinem Leben jenseits des Büros vorzustellen – was Honey daran erinnert, wie er früher immer dachte, seine Lehrer würden alle in der Schule wohnen.)

Während Honeys erster Wochen in der Firma haben Ontkean und er sich einen Schreibtisch geteilt und sich ganz gut verstanden. Jetzt denkt er darüber nach, dass er Ontkean heute noch gar nicht zu Gesicht bekommen hat; es ist schon 13:45 Uhr, und von zwei bis vier hat er ein Meeting. Falls Ontkean früher Schluss macht, sehen sie sich vielleicht überhaupt nicht mehr.

»Hast du mal Feuer?«, fragt Daley, deren schlampig gedrehte Zigarette ausgegangen ist.

Honey wirft ihr sein Mini-Einwegfeuerzeug zu; der frische bis starke Wind macht ihre Hände zu einem beweglichen Ziel. Sie benutzt das Feuerzeug und behält es in der Hand; schön, dass sie etwas berührt, das eben noch Honey berührt hat.

Kurz malt sich Honey ein deprimierend abwegiges Szenario aus, in dem Daley und er sich ineinander verlieben: einander in die Augen sehen; »Zu mir oder zu dir?«.

Doch sie unterhält sich mit Maynard; der hat sich dichter an Daley in Szene gesetzt als er, ihn an die Wand gespielt. Warum nur hat er sich an diese Bank gelehnt? In Herzensdingen muss man zentimetergenau blocken.

Der Büroalltag, denkt Honey, ist, als wäre man gezwungen, eine Gruppenchoreographie zu tanzen, deren Schritte man nicht kennt – deren Schritte man nicht einmal kennen *will*.

Schon drücken Daley und Maynard ihre Kippen aus. Daley dreht sich um, ruft: »Fang!«

Honey versucht tollpatschig, das Feuerzeug aus seiner Flugbahn zu pflücken; es prallt von seiner Hand ab und plumpst auf den feuerfesten Kunstrasen.

»Ruhige Hand«, sagt Daley.

Liebe Julia,

tja, ich habe die Story eingereicht, bei diversen Publikationen, aber außer ein paar Standardabsagen habe ich nichts gehört.

Wahrscheinlich hattest Du recht mit dem Ende. Vermutlich doch ein bisschen aufgepfropft und unsinnig, ohne dass es der Geschichte dient.

Aber ich bleibe dran, denn ich glaube, ich habe eine gute Idee für eine neue

»Wer ist denn Julia?«, fragt Sean Townsend über Nick Dwyers Schulter hinweg.

»Hm, was?«, sagt Dwyer, ohne sich umzudrehen, minimiert hastig den offenen Browsertab – und dann noch ein paar weitere.

Sean Townsend rückt näher. »Wer ist Julia?«

»Eine Freundin.«

»›Ich hab die Story eingereicht.‹«

Dwyer ringt sich ein dünnes Lachen ab. Townsend ist locker zehn Jahre älter als er – warum benimmt der sich nur so?

»Lass mal sehen.«

»Was?«

»Deine Story«, sagt Townsend.

»Ah, nein. Ich hab ja nicht mal –«

»Jetzt zier dich nicht so. Sonst erzähle ich allen, dass ein Text von dir abgelehnt wurde, von einem Haufen –« Er sucht nach dem Wort; schnippt mit den Fingern. *Publikationen.*«

Dwyer schluckt; hebt die Zunge an den Gaumen, um den Konsonanten für das Wort »Nein« zu bilden.

»Nur Spaß«, sagt Townsend. »Ich verarsch dich doch nur.«

Dwyer stiert auf seinen Laptop, tut beschäftigt. Wäre Townsends Vater hier nicht so ein hohes Tier, würde er ihm sagen, er solle sich verpissen. »Ich bin fast fertig mit der Präsentation. Leite sie Perry und dir dann gleich weiter.«

Townsend nickt, »Super«, und sein Lächeln verzieht sich zur Fratze. Vielleicht sollte er sich seine Witze in Zukunft einfach sparen. Meistens verstehen die anderen seinen Humor ja sowieso nicht.

Im Zuge seiner Bewerbung für diesen Job musste Nick Dwyer einen Lebenslauf mit Anschreiben einreichen; online einen zeitlimitierten Vierzehn-Punkte-Eignungstest ablegen; telefonisch eine Reihe Auswahlfragen beantworten; ein Gruppen- und zwei Einzelgespräche absolvieren; eine Mappe mit relevanten Arbeitsproben abgeben; eine Vertraulichkeitsvereinbarung unterschreiben; die Kontaktdaten von zwei früheren Arbeitgebern vorlegen.

Die letzte Frage des Eignungstests lautete: »Was fasziniert Sie am meisten an Suchmaschinenoptimierung?«

Kate Batchelder hat einen gewissen Aberglauben im Hinblick auf die Kaffeemaschine im Pausenraum entwickelt.

Legt sie eine Kapsel Italian Smooth Roast mit der linken Hand in den dafür vorgesehenen Slot, so wird der Kaffee, davon ist sie überzeugt, bitterer, als wenn sie die Maschine mit der rechten Hand bedient. Trinken wird sie ihn aber so oder so.

Hängt die Maschine sich im Brühvorgang auf, und Kate muss sie aus- und einschalten, heißt das, sie hat in letzter Zeit karmamäßig etwas falsch gemacht – als Buße für dieses Vergehen verdonnert sie sich dann dazu, nach der Arbeit ihre Mutter anzurufen.

Auch wenn eine Kapsel klemmt, die Abtropfschale überfließt oder die leeren Kapseln den Auffang verstopfen, erkennt Batchelder als wahren Grund sofort einen selbst verschuldeten moralischen Verstoß und straft sich entsprechend ab.

In manchen Wochen ruft sie ihre Mutter ziemlich oft an.

Badezimmerfliese, Deckenfliese, Bodenfliese. Fred Honey ist derart gelangweilt, dass er in Gedanken Fliesensorten aufzählt.

Außer ihm im Meeting sind Faye Taylor-Lewis, Chloe Daley und Sean Townsend.

Faye Taylor-Lewis stellt unternehmerische Strategien zur Schaffung einer Arbeitskultur vor, die Angestellte zu mehr Leistung motiviert; das tut sie seit geschlagenen achtundzwanzig Minuten, nonstop.

Durch die Jalousie des einzigen Fensters fällt scheibchenweise westwärts ziehendes Spätnachmittagslicht.

Terrassenfliese. Blick auf die Uhr. Neunundzwanzig Minuten, nonstop.

Taylor-Lewis hat eine klarinettenhafte Stimme; tief und voll. Per E-Mail, denkt Sean Townsend, hätte sich der Quatsch wesentlich effektiver übermitteln lassen; ihr wird doch selber klar sein, dass der ganze Schmodder sowieso nicht mehr ist als Beschäftigungstherapie.

Townsend spürt einen Spannungskopfschmerz aufziehen; presst die Finger mittelfest auf die geschlossenen Augen – die beste, ungefährlichste Alternative dazu, das eigene Hirn anzufassen.

Daley bedient semiheimlich unterm Tisch ihr Smartphone. Honey sieht ihr zu; Taylor-Lewis sieht ihm zu, wie er ihr zusieht, während sie (Taylor-Lewis) unbeirrt weiterdoziert.

Als Daley ihr Smartphone displayabwärts vor sich auf den Tisch legt, bemerkt Honey auf seinem eigenen Smartphone – displayaufwärts vor ihm auf dem Tisch –

ein kurzes Leuchten; vermutlich eine Nachricht, womöglich von Daley.

Diese Möglichkeit macht die nächsten Augenblicke in Fred Honeys Leben lebenswert; er greift nach dem Handy, doch erkennt, als er die Seitentaste drückt, dass überhaupt keine Benachrichtigung aufgeploppt ist – dass die Quelle des Leuchtens, das er übers Display zucken sah, in Wahrheit jenseits des Geräts lag; ein Schattenspiel, wahrscheinlich durch Daleys Bewegung ausgelöst. Honey lässt sich in den Stuhl und zurück in seine Stimmung von zuvor sinken.

Dreißig Minuten. Dachfliese.

Perry Avery klopft an die Tür.

»Japp«, schallt es von drinnen.

Als Avery in Matt Maynards Büro tritt, bewegen kollidierende zwischenräumliche Luftströme die Ecken der auf dem Schreibtisch verteilten Dokumente wie ein Poltergeist. »Hi, Matt«, sagt Avery.

Maynard hat die Füße auf dem Tisch abgelegt, auf den er außerdem den Oberkörper seitlich stützt. In einem Ohr trägt er einen kabellosen weißen Ohrhörer, und er glotzt während des gesamten folgenden Gesprächs auf seinen Laptopbildschirm.

»Nick hat die Präsentation überarbeitet«, sagt Avery, »Hab's eben überflogen, sieht gut aus. Ich leite sie dann gleich an dich und den Ban-Man weiter.«

»Super, *Per*«, sagt Maynard.

Seit Langem schon stellt Avery sich vor, dass unter

Maynards Haut irgendwas Insektoides, Gottesanbete-rinhaftes haust. »Sehr nett, *Matt*.«

»Ach leck mich doch«, knurrt Maynard, als Avery den Raum verlassen und die Tür hinter sich zugezogen hat.

Traum, in dem Caroline Rochefort es in Reverse-Cow-girl-Stellung mit ihrem erwachsenen Sohn treibt.

Traum, in dem Chris Newland sich die Zähne aus-reißt, einen nach dem anderen, mit den Schneidezähnen angefangen.

Traum, in dem Ray Bannon ein Vermögen erbt.

Traum, in dem Nick Dwyer wegen eines formalen Fehlers mit achtundzwanzig noch einmal das letzte Schuljahr wiederholen muss.

Traum, in dem Leanne Kelly zu lebenslanger Haft verurteilt wird, ohne Verhandlung oder Aussicht auf Bewährung.

Traum, in dem Sean Townsend im Rahmen eines Live-Events Gigi Parras fast zu Tode würgt.

Licht dringt rosa durch Sean Townsends geschlossene Lider; der Kopfschmerz ist inzwischen kaum noch aus-zuhalten.

Chloe Daley und Faye Taylor-Lewis sprechen über frühere Maßnahmen zur Verbesserung der internen Kommunikation. Fred Honey hat drei- oder viermal ei-gene Erkenntnisse beigesteuert, von denen keine son-derlich erkenntnisreich war.

In ihrer Eigenschaft als Moderatorin des Meetings bezieht Taylor-Lewis auch Townsend mit ein. »Sean, hast du noch irgendwelche Skillshares zu den bisher besprochenen Punkten?«

Kalt erwischt, weil er Taylor-Lewis' Vortrag keine Sekunde zugehört hat, fängt Townsend sich schnell wieder. »Na ja, ich finde«, sagt er, seine Worte gleichmäßig verteilend, als wären sie sorgfältig durchdacht, »das war jetzt sowieso schon ziemlich viel.«

Perfekt getimt klopft jemand an die Tür; Caroline Rochefort lehnt sich seitwärts herein. »Hi, wie lang braucht ihr denn hier noch?«

Taylor-Lewis blickt auf ihre schlanke silberne Armbanduhr. »Noch eine gute Stunde.«

Langmütiger Ausdruck auf Rocheforts Miene, »Okay, kein Problem«, und seitwärts wieder raus.

Honey starrt auf die wieder geschlossene Tür.

Daley entkreuzt ihre Beine und überkreuzt sie andersrum.

Dankbar für die Unterbrechung, legt Townsend sich zwei rechte Finger an die rechte Schläfe; tut, als nähme er den Faden wieder auf. »Jedenfalls, erstklassige Arbeit, Faye. Das klingt alles wirklich fantastisch.«

Taylor-Lewis klickt ihren Kugelschreiber; beugt sich zu Townsend vor. »Aber was *genau* klingt so fantastisch?«

»Und dann – erzähl ihm, was dann passiert ist«, sagt Ray Bannon zu Leanne Kelly, ermahnt sie, die Anekdote auch Nick Dwyer richtig zu erzählen, so, wie er sie selbst bereits gehört hat.

Bislang ist Kelly mit ihren Freundinnen in einen Club gegangen, und eine der Freundinnen hat einem heißen Kerl ihre Nummer gegeben.

Im Glauben, die Geschichte handele von einem missglückten Abend, hat Dwyer schon mehrmals fake über Kellys Beschreibung des Clubs gelacht, doch so langsam zeichnet sich ab, dass sie doch auf was ganz anderes hinausläuft und Kelly den Club gar nicht übel fand.

»Also«, fährt Kelly fort, »irgendwann waren wir alle ziemlich knülle, blablabla, es wurde spät, und alle wollten nach Hause. Aber dann, danach, textet meine Freundin weiter diesem *Kerl*.«

Das kommt Dwyer vor wie ein passender Plotpunkt für einen kurzen Einwurf, also sagt er: »Oh, oh«, und Bannon lacht, ohne den Mund zu öffnen.

Die drei stehen auf dem Flur zwischen dem Großraumbüro im Erdgeschoss und der Kantine.

Dwyer ist froh, mit einer Tasse Kaffee in der Hand in das Gespräch verwickelt worden zu sein – die ermöglicht ihm jetzt eine praktische Übersprungshandlung; etwas, an dem er sich festhalten kann, so wie früher, als er noch getrunken hat, an seinem Bier.

Es wird klar, dass Kellys Freundin dem heißen Kerl aus dem Club während der nächsten beiden Wochen der erzählten Zeit getextet und sich schließlich mit ihm verabredet hat. »Also geht sie in die Bar und wartet – na, egal wie lang, und auf einmal kommt da dieser … total widerlich aussehende Typ auf sie zu.«

Bannon und Kelly sehen einander wissend an; offensichtlich wird diese überraschende Entwicklung sich bald als elementar für die dramatische Struktur der ganzen Anekdote erweisen.

»O-kay«, sagt Dwyer mit halber Geschwindigkeit, als zähle er mühsam zwei und zwei zusammen.

»Und der *Kerl*«, souffliert Bannon.

»Sieht *furchtbar* aus. Scheiße angezogen, und irgendwie ist sein ganzes Gesicht in der Mitte zusammengequetscht.«

»Hm.« Dwyer trinkt den letzten, mittlerweile kalten Zentimeter Italian Smooth Roast – pfui Teufel.

»Jedenfalls steht er plötzlich vor meiner Freundin und sagt: Hi, wir sind verabredet. Er weiß, wie sie heißt und alles, bestellt ihnen beiden was zu trinken. Und meine Freundin, na ja, bei der schrillen die Alarmglocken, irgendwas ist da doch faul, denkt sie, wie konnte ich *den da* jemals heiß finden?«

»Und *dann* …«, drängt Bannon.

Dwyer hat auf einmal Mitleid mit Kelly, er kennt den Druck, die Spontaneität vorhergegangenen Erzählens einer Anekdote nachspielen zu müssen; weiß, wie sehr man darauf achten muss, kein wesentliches und/oder überflüssiges Detail hinzuzufügen und/oder auszulassen, um nicht die Pointe zu versauen.

»Und dann setzen meine Freundin und der Kerl sich hin und spulen die übliche Schön-dich-wiederzusehen-

Nummer ab, aber insgeheim denkt sie, na ja, ständig darüber nach, wie viel Zeit sie in den letzten zwei Wochen damit verschwendet hat, diesem ekligen Typen zu schreiben. Also spricht sie das irgendwann einfach an, so, ähm, tut mir echt leid, aber du siehst irgendwie gar nicht so aus, wie ich dich aus dem Club in Erinnerung hab. Und der Typ sagt –«

Bannon linst zu Dwyer; vergewissert sich, dass der auch richtig aufpasst.

» –der Typ sagt, welcher Club? Und sie: Na, der, in dem ich dir meine Nummer gegeben hab, und er: Wir kennen uns doch nicht aus 'nem Club. Ich hab dir geholfen, als du an der Haltestelle vom Nachtbus auf den Bürgersteig gekotzt hast. Du hast gesagt, ich sei dein Held, und wolltest mir unbedingt deine Nummer geben, weißt du das nicht mehr? Und dann fragt er: Moment mal, hast du etwa jemand anderen erwartet?«

Zoom auf Dwyer, der auf die Pointe wartet und dann kapiert, dass die bereits gezündet hat und schon wieder verraucht ist. »Wow«, sagt er, »crazy.«

Bannon kriegt sich kaum noch ein vor Lachen.

»Dann waren das also zwei verschiedene? Zwei Kerle?«

»Genau«, bestätigt Kelly verlegen. »Vielleicht muss man dabei gewesen sein. Also, als ich Ray die Story zum ersten Mal erzählt hab.«

»Nein, nein«, wehrt Dwyer ab. »Das ist echt crazy.«

Sie lachen; sind im Lachen einen Augenblick lang solidarisch. Schön ist das, ein warmes Gefühl zu haben und zu teilen, auch wenn, denkt Dwyer, Kellys Story im dritten Akt doch etwas geholpert hat.

Eine Art Stockholm-Syndrom macht es Fred Honey mittlerweile völlig unmöglich, sich noch ein Leben jenseits dieses Meetings vorzustellen. Es kommt ihm vor, als würde er nie wieder jemand anderen kennen als die Menschen, die hier mit ihm im Raum sind.

Chloe Daley könnte er leicht heiraten und mit ihr alt werden, und Faye Taylor-Lewis und Sean Townsend könnten sich vermutlich auch zusammenraufen, wenn sie wollten. Zu viert könnten sie eine Art primitiver Gesellschaft nachbilden: jagen, sammeln, hamstern, tauschhandeln.

In ihrem Vortrag benutzt Taylor-Lewis das Wort »pönalisieren«, was Honey in die Gegenwart zurück und seinen Blick flüchtig auf Townsend zieht, bevor er schnell wieder wegschaut und sich erneut in sein High-Fantasy-Wolkenkuckucksheim verkriecht.

Townsend dagegen ist froh, dass er offenbar nicht der Einzige ist, der bei diesem Wort unweigerlich an »Penis« denkt. Er fragt sich, ob die Frauen dabei ebenfalls an Penisse denken.

Vergeblich versucht er, sich Taylor-Lewis' inneren Monolog vorzustellen – sie ist einer dieser Menschen, die so unglaublich normal sind, dass es beinah verrückt wirkt. Allerdings ist es ja sowieso viel lustiger, sich Daleys heimliche Gedanken auszumalen.

Nachempfindbar angeödet wirkt sie immer, diese

Daley, dabei hat sie unter Garantie keinen Schimmer von der knallharten Einsamer-Kerl-Langeweile, die Townsends Leben bestimmt. Sie war nie, sagen wir mal, mitten am Nachmittag in einem Working Men's Club, und auch nie unter der Woche in einer Stripteasebar. Den Schönen dieser Welt bleiben deren trostloseste Aspekte erspart.

Aber vielleicht stimmt das auch gar nicht, denkt Townsend; eine so fade, funktionale Rolle auszufüllen wie Daley hier im Büro, zerfrisst einem die Seele wahrscheinlich auf ganz eigene Weise.

Apropos: Townsend hat – seiner inneren Uhr nach – seit einer halben Stunde bewusst nicht auf die Zeit geschaut. Er hält sich zurück, damit er sich auf etwas freuen kann; wartet ab, bis eine schöne, runde Zahl an Minuten um ist, bevor er den zähen Fortschritt des Meetings das nächste Mal in graduellen Zahlen misst.

Als Caroline Rochefort vorhin reinkam und Taylor-Lewis meinte, sie bräuchten den Raum noch eine Stunde, hat Townsend ungläubig auf seine Uhr gestarrt; jetzt ist er zuversichtlich – ja so gut wie sicher! –, dass das über eine halbe Stunde her ist.

Also blickt er auf die Uhr und nimmt frustriert zur Kenntnis, dass in Wahrheit doch erst zwölf Minuten um sind, was bedeutet – so schwer das auch zu glauben ist –, dass sie noch achtundvierzig weitere Minuten zu ertragen haben.

Entschlossen, wenigstens ein bisschen dieser toten Zeit für sich gutzumachen, doppeltippt er auf das

Trackpad seines Laptops, klappt den Bildschirm ein Stück weiter zu sich und erhascht dabei, bevor das Betriebssystem anspringt, einen kurzen Blick auf sein trauriges Spiegelbild im leblosen Stand-by-Schwarz des Displays.

Der Log-in-Screen erscheint, Townsend tippt sein Passwort ein und vergewissert sich, dass der Laptop stumm gestellt ist; prüft mit beiläufigem Schulterblick nach links und rechts, dass außer ihm niemand den Bildschirm sehen kann.

Jede vernünftige Vorsicht in den Wind schlagend (und von der Grenzüberschreitung unmittelbar selbstbelohnt) sowie brav zu Taylor-Lewis' Vortrag weiternickend, gibt Townsend die Kontrolle an einen übergeordneten Trieb ab und öffnet einen Inkognito-Tab in seinem Browser.

Wer sind Sie, wenn Ihnen keiner zuschaut? Beziehungsweise: Wenn Sie *denken*, dass keiner zuschaut – wenn Sie ziemlich sicher sind, dass niemand hinter Ihnen steht, mit Blick auf den Bildschirm?

Natürlich gehen Sie davon aus, dass Sie einen Beobachter bemerken würden; dass Sie, wenn es denn einen gäbe, den Eindringling sofort entdecken würden.

Obwohl Sean Townsend einen physisch völlig uneinsehbaren Schreibtisch in einer Ecke des Büros besetzt, wird er ohne sein Wissen schon seit Wochen, ja beinah seit Monaten, akribisch überwacht. Weshalb er auch Gefahr läuft, ohne Abfindung gefeuert zu werden, weil er sich während der Arbeitszeit auf seinem Firmenlaptop Pornos reinzieht.

Allein in dieser Woche kommt Gigi Parras für ihn auf einen Gesamtpornokonsum von knapp unter sechs Stunden – was im Schnitt fast achzig Minuten wackelnder, klatschender und kreisender Körperteile pro Arbeitstag entspricht.

Einige der interessanteren Titel, die Townsend sich laut Protokoll in letzter Zeit angesehen hat: »45-Minuten-Challenge: Versuch, nicht zu kommen!«; »Stieftochter bläst Stiefvater und seine fünf fetten Freunde«; »Stiefmutter steckt unterm Tisch fest und wird geknallt«; »Wohnheimschlampen«; »Schwarze Wohnheimschlampen«; »Einsame Soldatenbraut mit dicken Titten«; »In der tschechischen Sauna«; »Memoiren eines Succubus«.

Mal abgesehen davon, dass die meisten dieser Videos offenbar illegal gehostet wurden und der Zugriff in Zuwiderhandlung gegen die Lizenzbedingungen der Rechteinhaber erfolgte, stellt ihre Betrachtung definitiv einen Verstoß gegen PT&Ps Regeln für Anstand am Arbeitsplatz und somit einen Kündigungsgrund dar – soll heißen, wenn Parras wollte, könnte er Townsend rauswerfen lassen.

Bloß gibt es da ein paar Probleme:

1. Wie soll er beweisen, dass Townsend die Videos geschaut hat, ohne dabei wenigstens zum Teil sein privates Überwachungsprojekt zu offenbaren?
2. Gibt es in der Firma überhaupt einen klaren, for-

malen Beschwerdeprozess? Parras wüsste nicht, dass so etwas schon mal passiert wäre. (Anderswo könnte er Townsend bei der Personalabteilung melden, aber hier würde Caroline Rochefort sicher höchstens mit den Augen rollen oder lachen oder beides, vermutlich gefolgt von einer Einschüchterungsmail von Townsends Vater, weil …)

3. Außerdem hat Townsend Senior, seines Zeichens Mitgründer von PT&P, noch immer eine bedeutende – wenn auch aufgrund kürzlicher Erkrankung zunehmend spektrale – Stellung im Firmenvorstand inne.

(Ganz zu schweigen vom rein hypothetischen Punkt 4, der da lauten würde: Will Parras überhaupt wirklich, dass Townsend – den er, zugegeben, ziemlich unausstehlich findet – seinen Job verliert?)

Trotzdem, man kann nicht einfach ignorieren, wenn ein Kollege bei der Arbeit wichst, als kriegte er's bezahlt. Ein anständiger Mensch muss da doch etwas tun – aber was genau, bitte?

Nach wochenlanger Abwägung hat Parras beschlossen, die Sache selber in die Hand zu nehmen; den Stier bei den Hörnern zu packen. Wenn er die Firmenstandards nicht verteidigt, wer dann?

Sein neuer Plan besteht darin, Townsends Userprofil noch heute und – wenn nötig – bis nächste Woche zu observieren. Wenn Townsend sich dann wieder seine Mittagsdosis Hardcore reinpfeift, wird er ihm mitteilen, das Sicherheitssystem habe irgendeine Mal- oder Spyware auf seinem Rechner aufgespürt; ihm eine glaubhaft antivirusmäßig klingende Lüge auftischen; ihn streng, aber diskret für seine Internetgewohnheiten rügen. Nur eine Mini-Intervention, quasi. Kein großes Ding, kein unnötiges Drama. Praktisch ein Erwachsenengespräch.

Die ohnehin ziemlich schwammige Definition von »Arbeit« am modernen Arbeitsplatz noch weiter ausreizend, füllt Sam Wendt so gut wie hirntot den Selbsteinschätzungsteil des Fragebogens für seine zweijährliche Leistungsbewertung aus.

Totale ABM; astreine Scharade; null Realitätsrelevanz – gewöhnlich versucht Wendt, so was nicht allzu zynisch zu nehmen, aber hey, echt jetzt.

Was ist bloß aus meinem Leben geworden, wenn ich mich nur noch mit solchen Formularen rumschlage?, denkt er. Weitere Gedanken ähnlich deprimierenden Inhalts steigen bald schon hinter diesem ersten auf, doch Wendt blockt sie erfolgreich ab, indem er sich wieder auf die zu erledigende Aufgabe konzentriert.

Welche drei Ziele würden Sie sich selbst setzen, um in Ihrer Position im Lauf der nächsten sechs Monate weiter voranzukommen?, fragt der Fragebogen. Beim Lesen bewegt Wendt die Lippen, liest die Frage dann gleich noch ein paarmal, um die Antwort aufzuschieben.

Unterm Schreibtisch schlüpft er aus den Slippern und lässt seine Socken an die Luft; gähnt und streckt in voller Reichweite die Arme vor sich aus.

Wenn man es recht bedenkt, ist er doch gar nicht so schlecht dran. Es ist spätnachmittags, der Tag neigt sich schon abwärts – das Wochenende ist in Sicht. Ziemlich schönes Wetter draußen. Da! Die Krähen bellen in den Bäumen.

Flaschendrehen, daheim bei Tina Clarke, ein Freitagabend im Jahr 2001. Kate Batchelder ist zwölf.

Eingeladen wurde Kate Batchelder nur, weil Mikey Wardells Mutter abends immer auf sie aufpasst, wenn Kates Mutter Spät- oder Doppelschichten schiebt. (Auch umgekehrt kommt das ab und zu vor, dann holt Kates Mutter Mikey Wardell von der Schule ab und hütet ihn, während Mikeys Mutter arbeitet.) Aufgrund der transitiven Natur dieser mütterlichen Abmachung galt Mikeys Einladung zu Tina Clark nun jedenfalls auch für Kate – um halb acht wird Mikeys Mutter beide wieder abholen.

Wichtige Info: Die kleine Batchelder ist bereits seit Jahren total in den kleinen Wardell verknallt. Sie liebt seine langen Wimpern; sie liebt die schlanken Jungenschultern; sie liebt es sogar, wenn er dieses Geldzähldaumending macht, das sie abstrakt gesehen eklig findet, an ihm aber beeindruckend. Die glücklichsten Momente ihres bisherigen Lebens bestanden aus Beanie-Babies-Spielen und Freitagabend-Fernsehen mit ihrer Mutter und Mikey – auch wenn sie in letzter Zeit ein wenig reservierter miteinander umgehen, was Kate als Symptom beidseitiger pubertierender Schüchternheit auslegt.

In der Schule hat Kate praktisch nie mit Mikey zu tun, und auch nicht mit Tina Clarke oder ihresgleichen – die meisten Mittags- und sonstigen Pausen verbringt sie bei Ms Withers in der Bibliothek. Das findet sie aber gut so: Sie liest gern, und die Schulbücherei hat alle Bände von *Sweet Valley High* vorrätig, deren Simulation jugendlicher Melodramen ihr als Sozialleben vollauf genügt. Obendrein ist Ms Withers nett und lächelt immer freundlich; Kate kann mit allem zu ihr kommen.

So aufgeregt sie nun auch ist, weil sie zu Tinas Party darf, fühlt sie sich doch als fünftes Rad am Wagen. Wenn ich den anderen so wenig wie möglich in die Augen schaue, denkt sie, merkt vielleicht gar niemand, dass ich überhaupt da bin.

Neben Mikey, der sie den ganzen Abend noch keines Blicks gewürdigt hat, sitzt Kate im Flaschendrehkreis. (Der Teppich im semiausgebauten Keller von Tinas Eltern ist filzig, mit diesen kleinen, drahtigen Härchen, so wie der Teppich in der Schule – Kunstfaser-Schlingenpol – und so wie der, der nächstes Jahr in den brandneuen Büroräumen von PT&P verlegt werden wird.) Kate kommt nicht umhin zu bemerken, dass ein paar der anderen Jungs sich schon die ganze Zeit über sie lustig machen, erinnert sich aber schnell an etwas Tröstliches, das Ms Withers ihr einmal gesagt hat: dass nämlich die gemeinsten Kinder es zu Hause oft am schwersten haben.

Egal, hier mitzuspielen, ist schon aufregend genug –

auch als bloßer Zaungast, was ihr ehrlich gesagt sowieso lieber ist. Die Erwachsenen sind oben, und ungehemmte hormonelle Möglichkeiten liegen in der Luft. Im Hintergrund läuft die zweite CD von *Now That's What I Call Music! Nummer 49* und Kate setzt tapfer ihr fröhlichstes Lächeln auf.

Von den Mädchen hat Tina die Flasche bisher am öftesten gedreht und schon Max Boddely, Saf Spencer und Will Sims geküsst – sprich: alle mitspielenden Jungs außer Mikey. Charlie Patrick hat zweimal Saf Spencer geküsst und Allison Faiers sowohl Max Boddely als auch Mikey – wozu Kate, obwohl es ihr beinah das Herz brach, gute Miene gemacht hat.

Kate weigert sich jedes Mal zu drehen, wenn sie an die Reihe kommt – sie merkt ja, wie die Jungs sie ansehen, und außerdem ist sie ganz sicher, dass die Flasche, wenn sie sie doch mal drehte, auf Will Sims zeigen würde, mit Abstand der unansehnlichste Bewerber hier im Keller, aber ebendarum wohl auch der, den Kate am ehesten verdient. Mit dem will sie ihren ersten Kuss bestimmt nicht erleben.

Jetzt sind die Jungs dran. Max Boddely dreht als Erster und landet auf Mikey – alle lachen und nennen Max einen Homo. Er dreht noch mal, und die Flasche zeigt auf Allison Faiers. Die beiden küssen sich mit Zunge. Alle anderen sind zu gleichen Teilen fasziniert und angeekelt, sie johlen und klatschen – Tina muss sie anherrschen, seid still, seid still, seid leise.

Saf Spencer dreht; die Flasche zeigt auf Kate. Er

strahlt sie an – aufrichtig, gnädig – und dreht kommentarlos noch einmal. Jetzt erwischt er Charlie Patrick und verabreicht ihr ein nervöses, schmallippiges Küsschen.

Dann kommt Mikey. Kate ist nicht so kühn, sich ernsthaft zu wünschen, dass sein Drehen sie erwählt, hofft nur, dass er nicht Tina abkriegt, die ziemlich sicher auf ihn steht und ihn ihr nur allzu leicht wegschnappen könnte.

Die Flasche dreht sich – Kates ganzes Glück hängt an einem Roulette aus reinem, ungewichtetem Zufall; falls es einen Gott gibt, betet sie, dass Er ihr beisteht.

Und unglaublicherweise steht Er ihr tatsächlich bei.

Kate merkt, dass es passiert, noch ehe es passiert – o ja, die Flasche! Sie wird langsamer; noch einmal dreht sie sich im Kreis, jetzt schließt er sich, und ja, ja, die Flasche zeigt direkt auf Kate.

»Oh, mein Gott«; »Wenn das die anderen aus der Klasse hören«; »Küssen, küssen, küssen!«

Mikey sieht alle außer Kate an. Sekunden verstreichen; langes Zögern. Kate gibt sich bewusst entspannt, gelassen, um Mikey nicht mit allzu eindeutigen Anzeichen ihrer blanken, puren Liebe zu verschrecken. Noch immer lehnt er sich nicht kussbereit zu ihr, beugt sich jedoch auch nicht vor, um noch einmal zu drehen.

Max, Saf, Will, Charlie und Allison kreischen immer noch »Küssen«, Tina zischt, sie sollen still sein.

Kate channelt das Selbstbewusstsein von Jessie Wakefield aus *Sweet Valley High* (verkneift sich aber bewusst den Übermut, der Jessie so oft zum Verhängnis wird) und lehnt sich mit leicht aufwärtsgerecktem Gesicht zu Mikey.

»Mach die Augen zu«, weist der sie an, den Blick immer noch anderswo, und sie gehorcht.

Augen feste zugekniffen; alles um sie schwarz.

»Scheiße!«, raunt Will.

Erst das Gefühl von Spucke, die sie ins Gesicht trifft; dann die Erkenntnis, dass sie Spucke im Gesicht hat; jetzt, adrenalinverzögert, das Geräusch, wie Mikey ihr ins Gesicht spuckt. Und schließlich schallendes, pubertierendes Gelächter.

Noch bevor sie auch nur daran denkt, die Augen wieder aufzumachen, setzt Kate eine Mitlach-Miene auf – so quasi: Guter Witz, Mikey –, so als würde sie die allerschlimmste Demütigung ihres erbärmlichen Lebens bloß ironisch erleben. So: Wer, *moi*? So: Wie, du glaubst, *ich* hätte mir Hoffnungen gemacht? So: Ja, sicher doch, Mikey. Träum weiter.

Schon erschallen in Surround-Sound die Beleidigungen – sämtliche Stimmen im Zimmer verschwimmen zu einer. »Friss Spucke!«; »Volltreffer!«; »Dumme Nuss!«; »Was für 'ne Kuh!« Weitere Spuckeklumpen treffen sie aus verschiedenen Richtungen.

Klar erkennbar hebt sich aus dem Chor die amüsierte Stimme von Mikey ab: »Als würde ich dich je küssen. Du bist viel zu hässlich.«

Mit geschlossenen Augen nimmt Kate das alles in sich auf; heuchelt Ahnungslosigkeit und Gar-nicht-

Merken, was die anderen womöglich nur noch wütender und fieser macht. Ihre Strategie ist, einfach weiter
fröhlich vor sich hin zu strahlen; den Augenblick mit
Würde zu ertragen, auch wenn es ihr so vorkommt, als
dauere er Minuten, was er vielleicht auch wirklich tut.

Ist schon okay; völlig normal; ganz ehrlich, sie verdient es doch nicht anders: Die anderen haben sie ertappt, wie es ihr zu gut ging, jetzt müssen sie Kate eben
wieder auf den Boden der Tatsachen zurückholen; sie
wieder auf ihren symbolischen Platz verweisen. Die
Leute sind nun einmal angewidert von den Hässlichen
und Schwachen, und Kate ist beides, wie ihr jetzt wieder bewusst wird. Sie wird sich hüten, das noch einmal
zu vergessen.

Als sie, nachdem die anderen sich schließlich in kleinere Grüppchen aufteilen, die Augen wieder aufschlägt,
ist sie derart benebelt, dass sie nicht einmal an Weinen
denkt, bis Mikeys Mutter sie zu Hause absetzt; bis sie
ihrer Mutter gesagt hat, es sei schön gewesen; bis, viel
später, ihre Mutter neben ihrem Bett kniet, um ihr das
Gutenachtlied vorzusingen – bloß dass sie, statt zu sin-
gen, mit hoher Stimme fragt: »Katie, Mäuschen, ist bei
deinen Freunden was passiert?«

Obwohl das sicher nicht das Schlimmste war, was
Kate je widerfuhr, ist es, fast zwei Jahrzehnte später, vermutlich immer noch das Niederschmetterndste. So viel
hat sie vergeben und vergessen – die Launen ihrer Mutter, die neuen Ehen ihres Vaters –, doch diese Erinnerung hält sie nach all den Jahren auch noch heute fest im

Griff; sie bleibt einer der vertrautesten, zyklisch wieder-
kehrendsten Orientierungspunkte in der Landschaft ihres Denkens, vermutlich, weil sie damals so viele der
grausamsten Lehren des Lebens auf einmal gelernt hat.

Selbstverständlich nimmt sie keinem der Beteiligten
irgendwas übel; sie trägt ihnen nichts nach, sie waren ja
selbst alle noch Kinder. Skurrilerweise ist Allison Faiers
inzwischen Pflegerin und gehört zu dem Team, das sich
um Kates Mutter kümmert.

Neulich, bei einem Wochenendbesuch, ist Kate ihr
im Empfangsbereich der Langzeitpflegeeinrichtung begegnet. »Deine Mutter spricht andauernd von dir«, hat
Allison gesagt – ihr Gesicht ist heute breiter, hat aber
die hübschen Züge ihrer Jugend bewahrt; im Ergebnis
wirkt das, als hätte jemand ihr Mädchengesicht mit dem
blassen Wasserzeichen eines generischen Erwachsenen-
gesichts versehen.

»Von dir auch«, hat Kate gesagt, »sie findet dich toll.«

»Wie geht's dir denn inzwischen?«, fragte Allison
dann. »Wie war –«, sie suchte nach Worten, lachte, »wie
war dein Leben so?«

Und was sollte Kate dazu überhaupt sagen?

Sean Townsend sitzt allein im Pausenraum und wackelt
einen Löffel so zwischen den Fingern, dass es aussieht,
als würde er sich biegen.

»Kann ich dich mal sprechen?« Schluss mit Ruhe;
Gigi Parras streckt den Kopf durch den türlosen Ein-
gang. »In meinem Büro?«

»Ich hab zu tun, ich perfektioniere grade eine Kunst-
form.«

»Wir müssten da mal was bereden.«

»Können wir doch hier tun.«

Parras' Schultern, Arme, Oberkörper, Beine und
Füße folgen seinem Kopf in dieser Reihenfolge in den
Raum. »Ist was Privates.«

»Dann lass uns doch für nächste Woche einen Termin
ausmachen.«

»Sofort wäre besser.«

»Ist das wirklich unbedingt notwendig? Ich hab immer noch Kopfweh von dem Faye-T.-L.-Meeting.«

»Geht ganz schnell.«

»Kann das denn echt nicht warten?«

Ein bisschen streng: »Es ist schon halb vier, und ich
muss vor Feierabend noch Ontkeans Laptop abnehmen, also nein.«

Townsends Seufzer geht in Gähnen über; noch immer wackelt der Löffel. »Was ist eigentlich mit der Kleinen, die Ontkean ersetzen sollte? Die Rothaarige?«

»Rothaarig« ist einer von Townsends am häufigsten
benutzten Suchbegriffen auf Pornowebseiten; Parras
durchfährt ein kleiner Schauder.

»Ich hab gehört, sie hat psychische Probleme.«

»Klingt plausibel.« Townsend schnurrt einen ge-
dämpften Furz in den Sessel. Er steht auf; rekonfigu-
riert seine Vorstellung von der letzten Arbeitsstunde
dieser Woche. »Na gut«, sagt er, »dann schieß mal los.«

Zu keiner anderen Tageszeit fühlt das moderne Büro sich mehr nach Klassenzimmer an als in der Stunde vor Feierabend. Nicht einfach so verschwinden zu dürfen, selbst wenn man überhaupt nichts mehr zu tun hat, ist vollkommen bescheuert.

Chris Newland könnte heute gut ein bisschen früher Schluss vertragen und überlegt, das seinem Schreibtischkollegen Perry Avery mitzuteilen. Tut er aber nicht: Avery wirkt, als sei er wenigstens noch halbkonzentriert bei der Sache.

In gewisser Hinsicht könnte man überzeugend behaupten, Newland habe sein ganzes Wesen darauf zugeschnitten, es zu ertragen, seine kostbaren Lebensstunden hier einfach abzusitzen, als spiele das gar keine Rolle. Aber es *spielt* eine Rolle, denkt er jetzt, als ihm auffällt, dass er schon ein paar Sekunden lang die Luft anhält. Es *muss* einfach eine spielen.

Unter dem Vorwand, sich noch eins von Henry Ontkeans Abschiedsteilchen gönnen zu wollen, schaut Fred Honey bei Chloe Daley vorbei, deren Schreibtisch auf dem Weg zum Pausenraum steht. Als er um die Ecke biegt, sieht er sie lachend im Gespräch mit Matt Maynard.

Honey hat bereits halb kehrtgemacht, als Maynard absichtlich laut sagt: »Jedenfalls, nimm dich bloß in Acht vor diesem Fred Honey, der ist ein ganz schlimmer Finger.«

Honey dreht sich wieder um; seine allerletzten Selbstachtungsreserven aufbrauchend, steigt er darauf ein. »Hey, das habe ich gehört.«

»Ups, sorry, Fred«, sagt Maynard. »Erwischt. Wir haben grade über dich geredet.«

»Und wie lautet das Urteil?«, fragt Fred.

»Über dich?«

»Das willst du gar nicht wissen«, sagt Daley, und die ganze Witzelei grenzt fast ans Varietéhafte.

»Nicht bloß Achseln zucken, jetzt; na los, spuckt's aus.«

»Wir finden, du bist ein Nichtsnutz«, sagt Maynard, zuckt ein zweites Mal die Achseln.

»Ein Halunke«, pflichtet Daley bei.

»Ja, das klingt mir ganz nach mir. Und was läuft sonst so?«

»Gar nichts«, sagt Daley.

»Bloß ein kleines Tête-à-Tête am Freitagnach –«

»Was Neues?«

»Nö.«

»Habt ihr Henry Ontkean irgendwo gesehen?«

»Vorhin mal«, sagt Maynard. »Ist aber schon eine Weile her.«

Daley rollt auf ihrem Rollenstuhl zurück zum Schreibtisch; konsultiert den kollektiven Bürokalender im Mailprogramm ihres Laptops. »Um fünf soll er bei Gigi seinen Rechner abgeben, also ist er wohl noch da.«

»Cool cool cool.«

»Willst dich wohl tränenreich verabschieden, was?«

Was hat Maynard hier überhaupt verloren? Er ist

bloß eine Randfigur, die der Haupthandlung im Weg steht. »Vielleicht.«

»Vielleicht wird ja alles vielleichter, Fred.« Maynard lässt einfach keine Gelegenheit aus, Honeys sämtliche Vorbehalte gegen ihn zu bestätigen. Man beachte, wie sich sein Gesichtsausdruck, selbst wenn er richtig grinst, nur minimal verändert.

Honey überlegt noch, irgendwie zurückzukaspern, doch sein persönliches Interesse an diesem Gespräch hat mittlerweile einen kritischen Tiefpunkt erreicht – außerdem sind die Konventionen hinsichtlich Untergeordneten, die Vorgesetzte verarschen, eine Grauzone in der Büropolitik. Jetzt könnte er wirklich noch ein Plunderstück vertragen.

»Na gut, ihr zwei, bleibt anständig«, sagt Honey, sorgfältig seine Enttäuschung über die gescheiterte Interaktion verbergend.

»Keine Sorge«, sagt Maynard; auf eine Weise freundlich, die man ihm kaum abkauft.

Im Pausenraum hört Honey den arpeggierten Singsang von Daleys Lachen noch aus zehn Schreibtischen Entfernung.

Aus seiner Vertriebserfahrung weiß Sean Townsend, dass die Person, die ihr Gegenüber in einem Zweiermeeting zuerst anspricht, während des ganzen restlichen Gesprächs die zweite Geige spielt. Deshalb hat er hier, in Gigi Parras' Büro, seit dem Hinsetzen kein Wort gesagt.

Er stellt sich ahnungslos, obwohl er ziemlich sicher ist, dass er bereits weiß, worum es geht. Hände lässig auf dem Schoß verschränkt; teilnahmslos den Blick durch das niedrigdeckige Kellerzimmer mit dem winzigen Fenster schweifen lassen; hinter seinem Schreibtisch klackert Parras auf der Laptoptastatur.

Alles picobello hier, mal abgesehen von dem halb gegessenen Frischkäsebagel auf dem Tisch. Wenn Townsend sich Parras' Zuhause ausmalt, stellt er es sich langweilig und steif vor, trist und museal: Gedenkteller; Sammelfiguren; Schränke voller Kram, den man nicht berühren darf.

Parras' unablässiges Beinewackeln unterm Schreibtisch klingt wie zwei stumm fickende Hunde – erst neulich hat Townsend genau davon ein Video gesehen. Sogar, wie er an seinem Tisch sitzt, ist zum Haareraufen; diese stockarschige Wandklavierspielerhaltung.

Parras' Problem: Er weiß nicht, was er sagen soll – deshalb tut er, als bediene er seinen Computer, und hofft, dass ihm noch etwas einfällt.

Hauptsächlich hat er Mitleid mit Townsend und damit, wie dessen Begehren von Verwertungslogik konfiguriert und aufgeblasen wurde – er ist ein Opfer raubtierhafter Algorithmen, die einem zeigen, was man will, bevor man selbst weiß, was man will. Er versteht, dass Townsend sich ein warmes Futter gegen die kalte Wirklichkeit sucht, der vergehenden Zeit ihren Zahn ziehen will.

Trotzdem, wo fängt man da an? Welcher Gesprächskorridor führt zu der Unterhaltung, die sie führen müssen? Vielleicht sollte er einfach schweigen – Townsend selber sprechen lassen.

Auf seinem Lederchefsessel dreht er sich zu Townsend; bildet eine Raute mit den Fingern und legt sie an den Mund. Macht eine Pause, zieht sie in die Länge. Townsend wird ein wenig unruhig; stützt die Ellenbogen auf die Armlehnen. Und beide glauben, sie könnten hier ewig sitzen, bis der andere das Wort ergreift.

Kate Batchelder verlässt das Büro. Sie schließt ihren Laptop für das Wochenende ein, schlüpft in Hut und Mantel, trällert ein kurzes »Tschü-üss« in die Runde und geht.

Matty Maynard, der sie gehen sieht, kommt der Gedanke, dass Frauen, die Hüte tragen, seiner Meinung nach, oft ein gestörtes Verhältnis zur Wirklichkeit haben.

Die Putzkolonne macht sich an den letzten Durchgang vor dem Wochenende. Sonst keinerlei Lebenszeichen im Konferenzzimmer im ersten Stock; im Konferenzzimmer im Erdgeschoss; im Foyer; in der Kantine.

Jedes Mal, wenn man die Augen schließt, ist ein neuer Tag vorüber.

Sieh deine Kollegen im Gänsemarsch aus dem Büro ziehen, in ihre nahen Wohnstätten entlassen. Wieder mal ein Freitagabend-Status-quo.

Aus einem Fenster im zweiten Stock blickt Fred Honey auf all das Nicht-Besondere da draußen; die Sonne, eine Stunde vor ihrem Untergang über dem Gewerbegebiet.

Er geht zurück zu Henry Ontkeans noch nicht ausgeräumtem Schreibtisch. Typisch Ontkean, an seinem letzten Arbeitstag erst nach Büroschluss seinen Kram zu packen.

Honey will sein Handy aus der Hosentasche ziehen, doch als er stattdessen seinen Oberschenkel spürt, fällt ihm wieder ein, dass er es an seinem Platz gelassen hat, einen Stock tiefer. Auf Ontkean zu warten, ohne sich ablenken zu können, fühlt sich passiv, bräutlich an.

An dem Ramsch, der Ontkeans Schreibtisch ziert, haftet ein gewisser Pathos: das Plüschtierfedermäppchen; die knallbunte Briefpapiermappe; der Kranz aus Kunstblumen. Irgendetwas an diesen Dingen – ihr fließbandmäßig-bemühter Versuch, Konsumentenglück zu generieren – macht Honey ziemlich traurig. In diesem Augenblick schließt er die Augen. Im nächsten sind sie wieder offen.

Jetzt fällt sein Blick auf Ontkeans Abschiedskarte, die aus dem Umschlag befreit am Posteingangskorb lehnt. »Wir bleiben in Verbindung – F. H.«

Er liest gerade die anderen, mehr Zuneigung zeigenden Grüße, als Ontkean in und durch das Zimmer stampft.

»Fred, hi.«

Honey blickt auf und erhebt sich blitzschnell von der

Kante von Ontkeans Schreibtisch. Ontkeans *ehemaligem* Schreibtisch. »Hallo, Henry. Hab dich den ganzen Tag nirgends gesehen.«

»Ach«, stöhnt Ontkean semiatemlos, stützt einen Armbreit seiner Masse auf die Lehne seines ehemaligen Schreibtischstuhls, »kein Wunder, bei dem Tag. Mein Abschiedsgespräch hat sich ewig gezogen, dann sollte Gigi meinen Laptop abnehmen, aber es klang, als liefe in seinem Büro irgendwas Schräges ab, also hab ich ihm das Ding bloß vor die Tür gestellt. *Dann* musste ich 'nen Haufen Leute in Abläufe einweisen, die letztlich keiner außer mir versteht.« Er streicht mit einer Pranke durch den blonden Schuljungenschopf – nein, nicht richtig blond, eher farblos, durchsichtig.

»Tja, du bist eben unentbehrlich«, sagt Honey, freut sich an Ontkeans gütig-pandahafter Ausstrahlung.

»Ja, irgendwie merkt das bloß leider nie jemand, bevor man aufhört.«

»Stimmt.« Sich an die Antwort auf die Frage schon erinnernd, noch ehe er sie stellt, fragt Honey: »Wohin gehst du jetzt noch mal?«, und fügt hinzu: »Breavemann, oder?«

»Nein. Ich ziehe ganz tief in den Wald.«

»Oh. Und bei wem arbeitest du da?«

Ontkean lacht. »Nein, nein, Breavemann, stimmt schon.«

»Champions League«, sagt Honey.

»Auf jeden Fall eine Verbesserung«, sagt Ontkean, beißt sich auf die Zunge. »Also nicht, dass –«

»Nein, nein, schon klar.«

»Weil PT&P ist natürlich ein spitzen –«

»Es ist –«

»– ein spitzenmäßiger Arbeitsplatz.«

Honey zuckt die Achseln. »Vorhin musste ich wieder daran denken, wie meine Ex immer meinte, der Laden würde mich fertigmachen.«

Ein Blick huscht über Honeys Gesicht. Die privatesten Gespräche, die Ontkean und er bisher geführt haben, drehten sich um Kinofilme.

»Und stimmt das?«

»Ja, schon.«

»Wie sehr?«

Honey wiegt den Kopf hin und her. »Es geht.«

»Na, du hättest es auch schlechter treffen können.«

»Oh, das hab ich schon, glaub mir. Wird dir die Firma fehlen?«

»Die Leute werden mir fehlen.«

»Das sagen alle.«

»Macht es nicht weniger wahr.«

»Ja, das sagen dann auch immer alle.«

»Du, also, wenn bei Breavemann was Passendes frei wird –«

»Danke, das ist nett.«

Das Gespräch gelangt an einen logischen Endpunkt.

»Na, herzlichen Glückwunsch jedenfalls.«

»Danke«, sagt Ontkean, »dass du vorbeigeschaut hast.«

»Klar.«

»Gut.«

Die Männer reichen einander die Hand – Ontkeans ist maskottchengroß –, dann treten sie jeweils einen Schritt zurück von diesem Handschlag. Der Augenblick ist merkwürdig sensibel; Honey sucht nach einem Muster dafür, wie man sich hier zu verhalten hat.

»Du machst das schon, Fred«, sagt Ontkean und lächelt.

Honey steckt die Hände in die Taschen. Es wird ihm fehlen, wie wenn Ontkean über einen Witz schmunzelt, oder wenn er lächelt, während man sich mit ihm unterhält, das Schmunzeln oder Lächeln ihm danach noch lang auf dem Gesicht liegt, als hätte man es tief in einen Klumpen Teig gedrückt. »Mach's gut, Henry«, sagt er.

Auf der Treppe steigt Honey entweder das Blut in den Kopf, oder es fühlt sich wenigstens so an, als steige es ihm in den Kopf; sein Gesicht ist zugleich prickelig und taub. Ein praller Prä-Tränen-Druck breitet sich hinter seinen Augen aus, und er lehnt sich einen Moment ans Treppengeländer, bis das Gefühl nachlässt.

Das Wochenende hat begonnen. Als er aus dem Treppenhaus in das Großraumbüro im ersten Stock tritt, denkt er erst an all die Wochenenden, die diesem noch folgen, und dann an all die vielen langen Arbeitswochen, die ihnen vorangehen werden. Jede Stunde seines Lebens landet zuverlässig auf einem kosmischen Stundenzettel, und in Rechnung wird all diese Zeit nur ihm allein gestellt.

Vor seinem Schreibtisch stehend, erinnert er sich an

einen Trick aus der kognitiven Verhaltenstherapie, mit dem er den Automatismus seines negativen Denkens überlisten kann: Er betrachtet und benennt seine Schwarzmalerei als das, was sie ist: nur Rauschen, nichts als Worte.

Stell dir Geborgenheit vor, befiehlt er sich.

Stell dir Anerkennung vor.

Jetzt stell dir vor, du würdest im Leben nichts bereuen.

Und jetzt ein bescheidenes Heim voller geliebter Menschen.

Jetzt stell dir vor, du trittst auf eine idyllische Sommerwiese – visualisiere dein Gesicht in Sonnenlicht getaucht.

Und jetzt stell dir vor, du fährst an einem Montagmorgen mit dem Auto oder mit den Öffentlichen zur Arbeit; du bist weder zu früh noch zu spät dran, bist einfach genau in der Zeit; dein Smartphone ist voller interessanter, netter neuer Nachrichten, die du jederzeit lesen kannst, und das tust du auch; das Wetter ist exakt so, wie du es magst; du trägst Kleidung, in der du dich pudelwohl fühlst; in der Hand hältst du vielleicht einen Becher mit deinem liebsten Morgengetränk – und als du das Büro betrittst, freuen all deine Kollegen sich, dich zu sehen; freundlich lächeln sie dich an, begrüßen dich. Willkommen zurück.

DAS ABSEHBARE

»Okay, jetzt aber«, sagte Julia, ihr verpixeltes Gesicht ein wenig hinter ihrer zerhackten Stimme; während unseres gesamten FaceTime-Gesprächs verrutschten jedes Mal Ton und Bild, wenn sie ihr Smartphone bewegte. »Diesmal klappt's, ganz sicher.«

»Gut«, sagte ich laut, als könnte ich die schlechte Verbindung dadurch wettmachen, »aber wenn's wieder abbricht, ruf ich einfach normal an. Sonst reden wir nur pausenlos aneinander vorbei.«

Julias mobiles Netz brach häufig ab, daheim bei ihrer Mutter – oft auch mitten im Satz, wie um des dramatischen Effekts willen. Das war heute schon unser dritter FaceTime-Anlauf, und unser dritter FaceTime-Abend in fast ebenso vielen Monaten. Abgesehen von einer Zufallsbegegnung im vorigen Frühjahr – und von der seither nicht abreißenden Korrespondenz per Mail und Kurznachrichten – waren Julia und ich inzwischen seit knapp vier Jahren getrennt.

Es war ein Freitag – wobei die Namen der Tage in dieser neuen Zeitlichkeit ihre frühere Bedeutung ohnehin verloren hatten. »Und, was geht bei dir so?«, fragte ich. »Große Wochenendpläne?«

Julia lachte, und ich durfte ihr Lachen miterleben. »Angeblich steht morgen eine Pilgerfahrt zum Supermarkt an.«

»Beneidenswert«, sagte ich. »Ich hab meinen wöchentlichen Einkaufsausflug leider schon hinter mir.«

»Du weißt aber schon, dass du Lebensmittel immer noch kaufen darfst, wann du willst? Ist nicht verboten oder so.«

»Meine Mutter sieht das anders.«

»Aha. Und die hat natürlich das letzte Wort.«

Ich räusperte mich, räusperte mich noch mal, hustete. »Genau.«

Julia und ich hatten mit dem FaceTimen begonnen, als die Epidemie in Richtung Pandemie kippte. Meistens redeten wir über Banales, Lebensnahes: schöne Dinge, die uns fehlten; Filme, die wir gesehen hatten; unseren erweiterten Kosmos gemeinsamer Freunde. Nur selten sprachen wir explizit über das Virus – oder die für Friedenszeiten beispiellosen Maßnahmen zu seiner Eindämmung. Trotzdem beherrschte es natürlich all unsere Gespräche, nicht als Thema zwar, aber als Subtext und Fundament; als Grund, dass wir einander überhaupt anriefen.

Julia wollte wissen, was ich heute getrieben hatte, und ich sagte: Geschrieben, wie immer. Ich stellte ihr dieselbe Frage, und sie antwortete mürrisch: »Versucht, das Beste aus dieser ganzen Zwangsfreizeit zu machen.« Sie fragte, ob es bei uns regnete, was ich mit einem Blick aus dem Fenster verneinte.

Es war die magische Stunde eines Frühsommerabends; ich saß auf meinem Schreibtischstuhl, die Füße auf dem Tisch. Das Fenster neben mir ging hinaus zur Luftschicht ein Stockwerk über dem Garten meiner Eltern. Die untergehende Sonne tauchte mein Zimmer in erdbeerblondes Licht; auf dem Handydisplay wirkte dieses Licht auf deutlich weniger komplexe Weise golden.

»Hier gießt es wie aus Kübeln«, sagte Julia. »Kommt sicher bald bei euch an.«

»Ach danke«, sagte ich, »das dürft ihr gern behalten«, und merkte erst danach, wie oft ich solche abgedroschenen Flachwitze riss, seit ich bei meinen Eltern wohnte. Schnell trieb ich das Gespräch weiter: »Was gibt's Neues bei dir?«

»So gut wie gar nichts. Ich hab –«

Während sie sprach, entließ ich, was ich vorher bloß für einen kleinen Huster gehalten hatte – ein leises Halskratzen, mehr nicht –, doch er wuchs zu einem größeren, anhaltenderen Husten an, auf den noch mehrere Nachhuster folgten.

»Alles okay?«

»Ja, ja«, sagte ich, ein wenig atemlos. »Was hast du gesagt?«

»Nichts. Nur, dass ich *buchstäblich* nichts gemacht habe.«

»Klingt gut.«

»Nee« – eine Stehlampe blendete hinter Julia ins Bild, als sie den Kopf schüttelte –, »gut ist was anderes. Außerdem lässt Ma mich keine fünf Minuten in Ruhe.«

»Kommt mir bekannt vor«, sagte ich.

Zusätzlich zu der Gemeinsamkeit, früher mal ein Paar gewesen zu sein, waren Julia und ich auch beide zwangsbeurlaubt worden und wohnten seit Kurzem wieder bei unseren Eltern.

Zugegeben, ich war schon Monate vor der Pandemie wieder dort eingezogen, um mich durch mietfreies Wohnen aus meinem Dispo freizusparen, während Julia erst nach deren Ausbruch dazu genötigt worden war: Einen Tag nach ihrer Beurlaubung hatte ihre Mitbewohnerin – eine Freundin ihrer großen Schwester – sie zugunsten eines über eine Dating-App gefundenen neuen Freunds vor die Tür gesetzt, mit dem sie pärchenlockdownen wollte.

Ich verbrachte meine freie Zeit damit, tagsüber an meinen Texten zu arbeiten und abends Premium-TV mit meinen Eltern zu schauen, keinen Alkohol zu trinken und ersatzsüchtig nach den Dosen aromatisierten Mineralwassers zu werden, die sie immer auf Lager hatten.

Julia hatte es offenbar schwerer. Flüsternd fuhr sie fort: »Im Ernst, das ist ein Albtraum hier. Entweder drängt sie mich, was zu backen oder zu kochen, oder sie stichelt, weil ich angeblich zu viel esse – *oder* sie vergleicht mich mit meiner Schwester.« Sie setzte eine nasale Xanthippenstimme auf: »›Willst du denn nie heiraten? Willst du keine Kinder kriegen?‹«

»Kannst du dich nicht im Zimmer einschließen oder so?«

»Nein, dann merkt sie ja, dass ich sauer bin. Und wenn sie das merkt« – mir fiel auf, dass Julia ihr Smartphone beim Sprechen immer näher ans Gesicht führte –, »wird sie nur *noch* klettiger. Und gerade wenn ich denke, noch klettiger *kann* sie gar nicht werden, legt sie doch wieder ein Klettenlevel drauf. Gestern zum Beispiel, da wollt ich mal allein spazieren gehen. Danach hat sie mich moralverpflichtet, eine Stunde lang mit ihr ein altes Fotoalbum anzuschauen – als müssten wir die Zeit aufholen, die wir getrennt waren.«

»O Mann, das kenn ich auch«, sagte ich, obwohl das gar nicht stimmte; was meinen Freiraum anging, waren meine Eltern ausgesprochen rücksichtsvoll.

»Schon ziemlich traurig, dass ich sie offenbar nur aus vier Zugstunden Entfernung lieb haben kann.«

»Also genießt du die Zeit zu Hause nicht besonders?«

»Nicht wirklich, nein. Du?«

»Ach, doch. Ist schon okay.«

»Wie lang bist du jetzt schon da? Ein Jahr?«

»Nein, nein«, reflex-erwiderte ich, »nicht mal annähernd«, bevor mir zu meinem Schrecken bewusst wurde, dass ich wirklich schon exakt so lang wieder bei meinen Eltern wohnte – gedanklich hatte ich immer auf den Anfang des Lockdowns abgerundet. »Oder doch, hast recht. Ein Jahr. Ein bisschen länger sogar.«

»Und es dauert locker noch eins, bis du wieder rausdarfst!«

»Haha«, sagte ich frostig. »Na ja, wer zählt schon mit.«

»Es wird bestimmt kein Jahr«, sagte Julia, vermutlich zu unser beider Trost.

»Nein, ich weiß.«

»Aber ein paar Monate wohl schon noch.«

»Ja.«

»Schon komisch, was das mit der Zeit anstellt«, sagte Julia. »Ich könnte kaum noch sagen, wie lang das jetzt schon geht. Kommt's dir auch so vor, als wäre irgendwie viel öfter Wochenende?«

»Ja«, sagte ich, »das kommt mir auch so vor«, obwohl ich aus dem Stand kaum hätte formulieren können, wie genau die Pandemie mein Zeitgefühl verändert hatte.

Hätte ich darüber geschrieben, hätte ich vielleicht gesagt, die dauerhafte Dichte weltverändernder Ereignisse – gepaart mit dem relativen Mangel an alltäglichen, persönlichen Mikroerlebnissen, die unser vorheriges Leben strukturiert hatten – würde unser kollektives Zeitgefühl zugleich dehnen und zusammenziehen: Stunden fühlten sich wie Tage an und Tage wie Wochen; doch andererseits fühlten sich auch Monate wie bloße Wochen an, und Wochen glichen langen Nachmittagen. Die jüngere Vergangenheit lag gefühlt weiter zurück, als sie tatsächlich her war, und die Zukunft war auf unbestimmte Zeit verschoben. Wir waren gestrandet in ewiger Gegenwart.

Allabendliche Lageberichte staatlicher Stellen per Fernsehen und Livestream verstärkten dieses seltsame Gefühl der Zeitlosigkeit nur; Interviewpartner hüteten sich zunehmend, noch über konkrete Zeitrahmen zu sprechen. Stattdessen wurde die Zeit managermäßig re-klassifiziert, zu »vorläufig« und »absehbar« versimpelt, zwei diffuse Platzhaltertemporalitäten, die sich bloß noch auf die unbestimmte Gegenwart und die nahe Zukunft bezogen – und alles jenseits dieser unscharf abgegrenzten Abschnitte in Nicht-Zeit verbannten; ins Nie.

In der erzählten Zeit wechselte Julia unterdessen das Thema: »Und sonst? Liest du momentan viel oder eher nicht so?«

»Doch«, sagte ich, »hauptsächlich Klassiker«, was affektiert klang, aber stimmte. Ich las fast ausnahmslos kritische Ausgaben kanonischer Romane wieder, die ich im Studium schon mal gelesen hatte, unterstützt durch einen kommentierenden Korpus von Sekundärtexten aus Seminaren – größtenteils Freud-Grundkurs oder Auszüge aus Anthologien –, die meine Eltern seit meinem Abschluss in Dachbodenkisten aufbewahrten. Ich zählte ihr ein paar der Titel auf, die ich kürzlich gelesen hatte, plus ein paar, die ich demnächst noch lesen wollte, und gab die Frage dann zurück.

»Lach jetzt nicht, aber meine Ma hat mich total auf diese superlahmen Familiensagas angefixt.«

»Klingt überhaupt nicht lahm.«

»Uff, dann hast du eindeutig noch nie eine gelesen. Ich mein, es ist mir wirklich ernsthaft peinlich, dass ich dermaßen mit den bescheuerten Leben dieser blöden Figuren mitfiebere.«

Extrem vereinsamt, wie ich war, lachte ich darüber völlig übertrieben; so sehr, dass mein Kinn sich leicht verdoppelte, was ich in dem Bild-im-Bild-Fenster mit meinem Gesicht bemerkte, worauf ich das Lachen sofort einstellte.

In der auf mein Lachen folgenden Stille kehrten meine Gedanken zurück zum leidigen Thema meiner Wohnsituation: zu dieser erwachsenen Karikatur meiner Kindheit, über die ich in der Regel lieber nicht zu lange nachdachte.

Was, fragte ich mich, würde Freud von meiner Regression in eine Familienrolle halten, die ich vor Jahren hätte überwinden sollen; von meiner Unfähigkeit, dem Nest zu entwachsen, aus dem ich als Teenager schon hätte flüchten wollen sollen; von dem Umstand, dass Erwachsene meines Alters statistisch gesehen sehr viel häufiger bei ihren Eltern lebten als zusammen mit einem Partner?

Ich lehnte mein Smartphone an die Schreibtischlampe und rieb mir mit den Handballen die Augen.

»Bist du in Gedanken?«

»Nein, bloß in –«, schnell schob ich ein »ähm« ein, »– bloß müde. In letzter Zeit könnte ich irgendwie nur noch schlafen.«

Dann brach ich in ausgedehntes Trockenhusten aus, auf das hin Julia große Augen machte und – hauptsächlich im Scherz – sagte: »Ach du Schande! Meinst du, du hast es dir eingefangen?«

»Ich hab ja kein Fieber«, erwiderte ich, obwohl ich aus zahllosen nächtlichen Patrouillen durch allerlei Subreddits über das Virus genau wusste, dass es die unterschiedlichsten Symptome auslöste – nicht alle mit Husten hatten auch Fieber; nicht alle mit Fieber hatten Husten; und viele wurden einfach so wieder gesund, ohne überhaupt gemerkt zu haben, dass sie krank gewesen waren.

Was nicht hieß, dass ich *nicht* glaubte, ich hätte es mir eingefangen (laut meiner Eigendiagnose hatte ich das natürlich), sondern nur, dass es mir – trotz der frühen Infektionsratenmodelle, laut denen circa achtzig Prozent der Bevölkerung früher oder später krank würden – irgendwie überdramatisierend erschien, mich zu den Kranken zu zählen. »Ist bestimmt alles okay«, sagte ich. »Das geht schon ein paar Tage so. Abends ist es nur immer schlimmer.«

»Ja, wenn es bei dir tödlich wäre, hätte es dich sicher schon gekillt«, sagte Julia mit einer Sachlichkeit, die mich beruhigte, obwohl diverse online einsehbare epidemiologische Fallstudien ihre Analyse glasklar widerlegten. »Aber wenn du lieber Schluss machen willst …«

»Nein, nein. Mir geht's prima.«

»Schön, dass es dir prima geht«, sagte sie, zugleich lächelnd und gähnend. »Mit geht's auch prima.«

Ich sagte ihr, ich freute mich ebenfalls, dass es ihr prima gehe, nahm mein Smartphone und ging durch mein Zimmer, um eine liegende Position auf meinem Bett einzunehmen.

Dort dachte ich laut darüber nach, wie es dem teuren Fischrestaurant wohl ergehen würde, in dem Julia vor dessen Schließung im Interesse der Volksgesundheit noch gearbeitet hatte.

Sie meinte, die Belegschaft sei zwar erst mal nur in Kurzarbeit geschickt worden und bekäme die nächsten paar Monate vier Fünftel des Gehalts, doch sie sei insgesamt skeptisch, inwiefern die Branche sich postpandemisch erholen würde. »Ich schätze, eine Menge kleine und mittlere Läden werden in nächster Zeit ganz dichtmachen.«

Während Julias Vortrag über die Zukunft des gesamten Gastronomiesektors checkte ich kurz meine Mails und schrieb eine Textnachricht – ein Verhalten, das ich bei anderen unmöglich fand, bei mir selbst aber offenbar nicht.

»Hörst du mich? Bist du noch da?«, fragte Julia.

»Ja«, sagte ich, als Antwort auf den zweiten Teil der Frage, und wischte mich durch diverse offene Apps zurück zu FaceTime. »Entschuldige, erzähl ruhig weiter.«

»Ich meinte nur gerade, das Restaurant, in dem ich gearbeitet hab, macht vielleicht nie wieder auf.«

»Ach Scheiße«, antwortete ich automatisch, wusste erst mal gar nicht, welches Restaurant sie meinte. Das von ihrem Ex-Freund?

»Genau«, sagte sie, »und ich hatte da auch richtige Freunde.« Sie korrigierte die Position ihres Smartphones, wodurch ihr Gesicht einen Moment einfror und Bild und Ton erneut verrutschten. »Keine Ahnung. Jedenfalls hänge ich die Kochmütze vielleicht bald an den Nagel und such mir einen normaleren Job.«

»Tu das nicht, du bist eine tolle Köchin«, erklärte ich überzeugt, worauf Julia erwiderte: »Du warst doch noch nie in einem Restaurant, in dem ich gekocht habe«, was, wenn ich es recht bedachte, stimmte.

»Aber früher hast du ab und zu für uns gekocht«, beharrte ich, obwohl, wie mir jetzt wieder einfiel, diese Mahlzeiten meistens bestenfalls gut gemeint gewesen waren; ernsthaft mit dem Kochen angefangen hatte Julia erst nach unserer Trennung. »Und das war immer superlecker«, schob ich verspätet hinterher.

»Na, vielen Dank«, sagte sie.

Ich hustete abermals, erinnerte mich, irgendwo im Internet gelesen zu haben, Husten sei eins der gängigsten psychosomatischen Symptome von Nervosität – und von dieser Erinnerung wurde mein Husten sofort noch schlimmer.

»Entschuldige«, sagte ich, als das Husten nachgelassen hatte, »ich hab nur so 'nen –«, wieder Husten, »– Frosch im Hals.«

Die Bildschirm-Julia wirkte entsetzt.

»Du solltest dein Gesicht sehen«, sagte ich.

»Ich sehe mein Gesicht«, sagte sie.

Ich nahm mir vor, mir den nächsten Huster für die nächste technische Störung aufzusparen.

Noch einmal äußerte Julia ihre Sorge um meine Gesundheit, und ich driftete vollständig aus dem Gespräch ab, ging in Gedanken meine letzten Expeditionen an öffentliche Orte durch, an denen ich Erregern hätte ausgesetzt sein können.

Eine seltsame Nebenwirkung des Virus – oder besser gesagt: seiner Übertragungsdynamik – war, wie es einem forensischen UV-Licht gleich die vielen Schnittpunkte zwischenmenschlichen Kontakts ausleuchtete, die uns zu einer Bevölkerung vereinten: wie wir ständig atembare Mikrotröpfchen austauschten; wie wir ständig Oberflächen anfassten, die vor uns andere berührt hatten; wie wir uns (nach dem Berühren fremdberührter Oberflächen) chronisch ins Gesicht fassten.

Hände schütteln; Werbung im Briefkasten; recycelbares Plastik – über Nacht war früher Alltägliches zum potenziellen Infektionsherd mutiert; war das Vertraute plötzlich unheilvoll geworden, unheimlich (vgl. Freud), ein jähes Einfallstor für Risiko.

Trendende Suchanfragen offenbarten die Angst vor diesen Einfallstoren: Wie lang überlebt das Virus auf Kunststoff? Auf Pappe? Definition: Herdenimmunität. Wie werden Kontakte nachverfolgt? Können wir die Kurve abflachen? Was, wenn das Unvorstellbare einen Angehörigen trifft? Könnte ich das Virus durch meine Ausflüge in den Supermarkt skrupellos bei meinen Eltern eingeschleppt haben?

Angesichts des Alters der beiden und ihrer entsprechenden Immunschwäche hatte ich mich früh zum Lebensmittelsammler der Familie erklärt – zum diensthabenden Erwachsenen des Haushalts.

Peinlich, aber wahr: Erst die graue Weite leerer Supermarktregale führte mir das wahre Ausmaß des Virus vor Augen; erst als ich mit dem Einkaufswagen in einen leer gehamsterten Konservengang bog, wurde das Hyperobjekt namens Pandemie real, fügte die Krise sich in (und sprengte doch schon bald komplett) ein Gefühl für Proportionen, das zu meiner übrigen Lebenswelt passte.

Peinlich, aber wahr: Als ich den Supermarkt verließ, ergriff mich rasende Atemnot, und ich musste mich ein paar Minuten an die Fahrertür des Volvos meines Vaters lehnen (für den ich vorübergehend überteuert versichert war), um darüber auszuticken, was neuerdings alles absehbar war: Lieferkettenunterbrechungen; wirtschaftlicher Kollaps; rasant steigende Sterberaten; zerrüttete Gesellschaften. Würde ich hier auf dem Parkplatz ersticken?

Ich bin dort auf dem Parkplatz nicht erstickt. Nachdem mein restlicher Körper den Druck auf der Brust absorbiert hatte, fuhr ich stumm nach Hause (die Lebensmittel aus irgendeinem mir damals vernünftig erscheinenden Grund auf dem Beifahrersitz festgegurtet), die Maske unterm Kinn wie einen künstlichen Bart und aufmerksam auf meine Atmung achtend; halbernst vorbereitet auf den Tod.

»Hast du gehört, was ich gesagt hab?«, fragte Julia.

»Klar, klar«, sagte ich. Dann: »Nein. Tut mir leid. Ich hab an den Supermarkt gedacht.«

»Ha«, lachte sie, »genieß es, solang du noch kannst. Bald werden wir uns a –« – die Verbindung stockte, autotunte Julias Stimme und dehnte das »a« auf mehrere roboterhaft klingende Silben aus, die ihre nächsten Worte überschrieben – »ig auffressen, so wie diese grusligen Typen in *Die Straße*« – die Verbindung jetzt wieder stabil –, »weißt du noch, in dem Kapitel mit den Kannibalen?«

»Ja«, sagte ich, »total krank«, eine ebenso harm- wie sinnlose Lüge; obwohl ich das Buch gerade noch in meiner Lockdown-Leseliste aufgeführt hatte, erinnerte ich mich an die Kannibalenszene nur aus der Verfilmung von 2009.

Julia starrte mich auf eine Weise reglos an, die mich sofort befürchten ließ, sie hätte meine Lüge durchschaut – dann, mehrere angespannte Augenblicke später, begriff ich, dass unsere Verbindung wieder abgebrochen war.

»Hallo?«, sagte und wiederholte ich gleich noch mal lauter; ihr Gesicht blieb starr. »So eine Scheiße.«

»Hi?«, sagte sie, und die Verbindung war gerade rechtzeitig zurück, dass mir mein Ärger über ihren Abbruch völlig überzogen vorkam. »Bist du –«

»Wie?«, sagte ich. »Was hast du gesagt?« Keine Antwort. »Hast du vielleicht irgendwo besseren Empfang?«

»Was?«

»Ist dein Empfang woanders vielleicht besser?«

»Ah, ja«, sagte sie und bewegte abermals ihr Handy, wodurch ihr Stream zu einer Reihe Zeitrafferblitze verflimmerte; »Sekunde«, während sie unser Gespräch durch ihr altes Kinderzimmer trug und mir so einen kurzen Blick auf dessen Mini-Universum schenkte: auf die niedrige Zimmerdecke; die handbestickten Vorhänge; das »Romeo und Julia«-Poster; die Tapete mit

der kunterbunten Schar anthropomorpher Waldge-
schöpfe.

Ich musste daran denken, wie ich vor Jahren für zwei
je einwöchige Zeiträume während der Sommer- und
Winterferien des akademischen Kalenders im angrenzenden Arbeitszimmer ein Faltbett bezogen hatte; wie
ich nachts gewartet hatte, bis Julia an die Zwischen-
wand klopfte, um mir zu signalisieren, dass die Luft rein
war und wir die von ihrer Mutter aufgestellten Über-
nachtungsregeln brechen konnten. »Nettes Zimmer«,
sagte ich.

»Hm?«, fragte Julia, flach auf dem Rücken und mit
hochgestrecktem Smartphone; die Kamera von oben direkt aufs Gesicht gerichtet: ein POV-Shot, so als läge der
Betrachter auf ihr. Seltsamer Gedanke, dass wir beide auf
unseren Betten lagen, jeweils daheim bei unseren Eltern,
fast zweihundert Kilometer voneinander entfernt.

»*Nettes Zimmer*«, wiederholte ich, beide Wörter
gleich stark betonend. »Schau, hier ist meins«, sagte ich,
switchte die Kamera von Gesichtssicht auf Weltsicht
und schwenkte das Handy langsam durch eine Panora-
maansicht meines Zimmers aus Bettperspektive, wobei
ich – wie ich erst mitten im Schwenk bemerkte – unab-
sichtlich meine Beine in der hautengen Thermounter-
hose offenbarte, die ich seit drei Tagen trug. Schnell
flippte ich die Kamera zurück auf mein Gesicht.

»Hast du etwa eine lange Unterhose an?«, fragte
Julia, den Bildschirmrahmen – im Versuch, genauer hinzusehen – dicht um Augen und Nasenrücken.

»Jep«, sagte ich. »Extra für dich.«

»Es ist doch fast schon Sommer.«

»Hier ist's kalt.«

»Vielleicht solltest d –« – erneut versank ihre Stimme in blechernem Geplärr – »onlineshoppen.« Erstaunt drückte sie den Kopf ins Kissen. »Hä, was ist denn jetzt los? Siehst du mich noch?«

»Ja«, sagte ich, »in, ähm, VHS-Qualität.«

»Sorry.«

»Schon gut«, sagte ich und zog ein gespielt genervtes Gesicht, das Julia offenbar nicht weiter auffiel.

»Hast du sonst von jemand was gehört in letzter Zeit?«, fragte sie. »Von jemand Interessantem?«

Ohne auf den Umstand einzugehen, dass Julia vermutlich selbst der Mensch war, von dem ich während des Lockdowns am häufigsten gehört hatte, erwähnte ich einen kürzlichen Zoomabend mit Teddy, Roos und ein paar anderen ehemaligen Unifreunden – ehrlich gesagt fühlten diese Events sich immer eher wie eine Pflichtübung an; wie etwas, das wir im Grunde nur taten, um wenigstens pro forma noch ein Sozialleben zu führen.

Alle etwaigen Befürchtungen, Julia mit der Erwähnung eines Zoomtreffens, zu dem sie nicht eingeladen war, irgendwie vor den Kopf zu stoßen, lösten sich in Luft auf, als sie sagte: »Aber Nick, ich meinte doch jemand *Interessantes*.«

»Haha«, sagte ich. »Roos hat übrigens nach dir gefragt.«

»Ach ja?«

»Ja. Neulich erst. Sie glaubt, du ignorierst sie.«

»Ich ignoriere sie doch nicht! Was hat sie denn gesagt?«

»Warte kurz«, sagte ich, »Sekunde, ich lese es dir vor.« Von FaceTime wischte ich zu meiner Textnachrichten-App; scrollte mich rückwärts durch Roos' und meine Chathistorie. »Ah, hier, vor zwei Wochen. Sie meinte: ›Hast du in letzter Zeit mal Julia gesprochen?‹, und ich: ›Ja‹, und sie: ›Schön‹, und ich: ›Ja‹, und sie: ›Wie gehts ihr denn?‹, und ich: ›Gut.‹« Zum gefühlt tausendsten Mal im Lauf dieses Gesprächs musste ich mich räuspern. »Dann meinte sie: ›Hab ewig nichts von ihr gehört, sie schreibt mir nie zurück. Ignoriert die mich etwa?‹, und ich: ›Glaube ich nicht‹, und dann noch: ›Nicht absichtlich‹ und ›Wahrscheinlich ist sie bloß im Stress‹, und sie: ›Ja, aber das sind wir doch alle‹, und ich: ›Stimmt‹, und sie: ›Kommt mir vor, als wäre sie sauer auf mich, kA wieso.‹ Danach ging's dann um was anderes.«

»Ich bin nicht sauer auf sie«, sagte Julia.

»Habe ich auch nie behauptet«, erwiderte ich weise, als hätte ich irgendeinen Therapeutentrick abgezogen.

»Aber wir haben wirklich lange nicht gesprochen. Ich glaube, ähm, vielleicht wird es, je länger man keinen Kontakt hat, einfach immer schwieriger, wieder da anzuknüpfen, wo man aufgehört hat.«

»Klar«, sagte ich, »obwohl: Haben wir das nicht auch getan? Machen wir das nicht gerade jetzt, in diesem Augenblick?«

»Ja, irgendwie schon«, räumte sie ein. »Aber auch irgendwie nicht. Keine Ahnung. Bei uns ist das was anderes. Außerdem ist die Uni lange her.« Ihre nächsten Worte klangen sorgfältig gewählt: »Manchmal lebt man sich halt einfach auseinander.«

Ein fernes Klopfen war zu hören. Julia richtete sich ein Stück auf, blickte von der Kamera weg, trällerte (die Stimme ein wenig vom Gesicht gelöst): »Fünf Minuten, Ma«, und wandte sich wieder mir zu.

»Wie geht's ihr denn? Deiner Mutter?«, fragte ich.

»Abgesehen davon, dass sie nervt? Alles okay. Traurig ist sie, weil sie nicht in die Kirche kann. Und wie geht's deiner?«

»Gut«, sagte ich, »Dad auch«, und dann erinnerte ich mich wieder an meine Befürchtung, ich könnte das Virus eingeschleppt haben.

»Ach, was ich dich noch fragen wollte«, sagte Julia, das Bildschirmgesicht kurz in niedrigerer Auflösung komprimiert.

Ich hob auffordernd die Augenbrauen.

»Wie läuft's mit dem Schreiben? Hast du was Neues fertig?«

»Weder was Neues noch was fertig«, sagte ich, dachte an die letzten paar Storys, die ich angefangen hatte und die sich jetzt alle wie belanglose, in einer albernen, infektionsfreien Welt spielende Historiendramen lasen; Gott, wie viel Zeit hatte ich damit vergeudet, Geschichten zu schreiben, die kein Schwein lesen würde, während die Welt um mich in Stücke fiel. »Ist ja eh nur ein

Hobby«, fügte ich hinzu, und das stimmte, obwohl ich selbst kaum glauben konnte, dass ich so etwas sagte.

»Hobbys sind gut. Die halten den Wahnsinn fern.«

»Stimmt.«

»Das ist auch das Gute am Kochen«, fuhr sie fort. »Das holt mich aus meinem Kopf. Ohne würde ich komplett –« Der Bildschirm wurde plötzlich schwarz, und ich lag da und blinzelte mein Handy an.

»Bist du noch da?«, fragte ich, doch ihre Antwort war völlig zerhackt.

Ich legte auf und wählte neu, diesmal ohne Video, was mir sowieso lieber war – mit FaceTime wurde ich nicht warm; ich kam nicht über den störenden, die vierte Wand einreißenden Effekt hinweg, mich selbst auf dem Bildschirm zu sehen. Die besten Momente jedes Gesprächs waren schließlich die kurzen Phasen völliger Versenkung, in denen man sich selbst vergaß, sich quasi körperlos fühlte.

Ich stellte auf Lautsprecher und legte mir das Handy auf die Brust.

»Hallo?«, meldete sich Julia.

»Jo«, sagte ich.

»Keine Ahnung, was da wieder los war.«

»Deine Mutter wohnt in einem Funkloch, das war los.«

»Egal. Du wolltest was erzählen? Übers Schreiben?«

»Nein, du wolltest erzählen. Übers Kochen.«

»Ah, stimmt, ja, nein. Nichts. Ich hab's vergessen.«

»Aber freust du dich drauf, wieder einzusteigen? Wieder professionell zu kochen?«

»Eigentlich nicht, nein. Wie gesagt, ich denke über was völlig Neues nach.«

»Ah. Wusste ich gar –« Ein seltsamer Tonfall bei »was völlig Neues«. »Moment, hast du etwa schon konkrete Pläne?«

»Ja, glaub schon. Für meine – nein, ich will lieber nicht drüber reden, bevor das in trockenen Tüchern ist.«

»Der Zug ist abgefahren, raus damit.«

Julia lachte. »Ach. Es weiß wirklich noch keiner was.«

Eigentlich wollte ich den Wink verstehen und das Thema wechseln, aber dann ergänzte sie: »Ist eine ziemlich große Sache«, was offensichtlich bedeutete, dass sie doch gern mehr erzählen wollte.

»Okay«, sagte ich, »lass hören.«

»Na gut, also«, jetzt war sie hörbar aufgeregt, »du weißt doch, dass meine Schwester in Toronto wohnt und ein Kind gekriegt hat.«

Ja, das wusste ich, weil Julia mir seit Wochen Fotos von ihrer Schwester mit dem Baby auf dem Arm weiterleitete.

»Tja, ich will da auch hin. Nach Toronto.«

»Cool«, sagte ich, »klingt doch super.«

»Nein, ich meine richtig hin*ziehen*. Erst mal nur, um mit dem Kind zu helfen, aber der Mann von meiner – mein *Schwager* sagt, er kann mir auch einen Job vermitteln. Anscheinend will seine Kanzlei im Sommer eine Menge Leute einstellen, und er will mich für seine Abteilung. Dann würde ich da richtig leben und arbeiten. In Toronto.«

Die Neuigkeit kam viel zu unerwartet, um mich richtig zu treffen – das würde erst später passieren. Vorerst konnte ich mein Bauchgefühl wegdrücken und gut gelaunte, superinteressierte Nachfragen stellen. »Wow, das ist ja –«, hob ich an, die Stimme überraschungsschwach. »Was wirst du da denn machen?«

»Ach, erst mal was Kleines in der Verwaltung oder so.«

»Und wo wirst du wohnen?«

»Fürs Erste im Gästezimmer meiner Schwester.«

»Und wie lang, sagtest du, willst du da bleiben?«

»Hab ich noch gar nicht gesagt. Aber, na ja, rein theoretisch vielleicht mein ganzes – ich mein, wie's aussieht, werde ich dort ein völlig neues Leben anfangen. Crazy, oder?«

Ganze Trakte des Gedankengebäudes, dessen Entstehung ich während der letzten Monate tatenlos und schweigend in mir beobachtet hatte, stürzten krachend in sich zusammen. »Crazy.«

»Hängt natürlich alles noch vom Visum ab. Darum hab ich's auch noch keinem erzählt. Nicht mal Ma. Meine Schwester meint, es wäre Quatsch, sie zu beunruhigen, ehe –«

»Ja«, sagte ich, ohne so genau zu wissen, wozu.

»Allerdings regelt der Mann von meiner Schwester

den ganzen Visakram über die Firma, was offenbar bedeutet, dass die Sache so gut wie geritzt ist.«

»Crazy«, sagte ich erneut.

»Schon, oder? Ich hatte einfach die Nase voll von all der Ungewissheit und hab mir gedacht: Zeit für was Neues!« Ein Schwenk im Tonfall; Zweifel lag in ihrer Stimme: »Was?«

»Ich hab nichts gesagt«, sagte ich, dachte plötzlich panisch, wir wären doch wieder bei FaceTime, und Julia sähe meine Miene.

»Eben. Du *denkst* was.«

»Ich? Ich denke aus Prinzip nie.« Ich blickte auf mein Display; stellte erleichtert fest, dass wir immer noch über dasselbe Medium telefonierten. »Aber das klingt jedenfalls super.«

»Danke, das ist lieb von dir. Ich habe ein bisschen Schiss davor, es anderen zu erzählen.«

»Echt super«, sagte ich nickend, obwohl ich unsichtbar war.

»Danke, Nick«, sagte sie und schnaubte ins Handymikro, was bei mir als Rauschen ankam.

Es folgten ein paar längere Momente Telefonstille. Schließlich setzten wir beide gleichzeitig zu reden an und baten daraufhin gleichzeitig den jeweils anderen anzufangen. Dann fing Julia an.

»Ich bin echt froh über unsere Gespräche während dieser ganzen … du weißt schon. Sache.«

»Geht mir auch so.«

»Ich hab das Gefühl, wir sind wirklich wieder –«

»Ja«, sagte ich, ein wenig schneller als beabsichtigt, aber auch erleichtert, mir Julias sanft zurückweisende nächste Worte erspart zu haben. »Schön war das. Ich freu mich für dich. Echt.«

»Na ja. Ist ja noch lange hin. Bis ich wirklich umziehen kann, dauert es bestimmt noch Monate.«

»Klar«, sagte ich, außerstande, mir das Hoffen zu verkneifen, »und wer weiß, was in der Zwischenzeit passiert. Vielleicht gehst du am Ende doch nicht.« Kaum hatte ich das gesagt, schwante mir – mit hellseherischer Sicherheit –, dass Julia und ich eine ganze Weile nicht mehr sprechen würden; für die gesamte Dauer des Absehbaren nicht.

Ich erkannte unsere Gespräche in der letzten Zeit als das, was sie tatsächlich waren: kein Neuanfang, sondern ein Abschluss.

Ich suchte nach einem guten, undramatischen Ausstieg, der uns beide aus der Pflicht nähme, noch etwas anderes zu sagen.

Schließlich verabschiedeten wir uns standardfloskelnd und mit einer Unbeschwertheit, die ziemlich sicher keiner von uns beiden aufrichtig empfand. Diese letzten Augenblicke kamen mir vor wie eine Ewigkeit, und trotzdem fand ich nach dem Auflegen, das Gespräch sei viel zu schnell vorbei gewesen.

Die neue Stille, die sich in meinem Zimmer breitmachte, schien es zugleich zu verdüstern – erst jetzt bemerkte ich so richtig, dass es Nacht geworden war. Kein Licht brannte ringsum; kein Regen prasselte gegen mein Fenster.

Eine Weile dachte ich noch über all die wichtigen letzten Dinge nach, die ich Julia hätte sagen sollen. Schließlich verflogen die Gedanken.

Ich versuchte, mir ihr Leben in Toronto auszumalen, aber wenn ich mir Toronto vorstellte, sah ich rein gar nichts vor mir.

Dann befiel mich das Gefühl, zu dünne Luft zu atmen. Ich hustete ein paarmal – mein Husten kam mir immer schlimmer vor; vielleicht braute sich in meiner Lunge wirklich etwas zusammen, oder es war doch nur ein psychosomatisches Symptom.

Ich drehte mich auf die Seite; mein Smartphone rutschte mir von der Brust und landete mit dem Display nach unten auf dem Bett. Obwohl ich es eben erst weggelegt hatte, verspürte ich den Drang, es wieder in die Hand zu nehmen – ein Verlangen, dem ich sonst jedes Mal nachgab, sobald es sich meldete.

Bewusst und konzentriert atmete ich ein und wieder aus; ein und wieder aus.

Schwer zu sagen, welcher Trieb einen immer wieder zum Handy zieht; unmöglich zu bestimmen, in welchen Verhaltensweisen sich welcher Impuls manifestiert. Neugier, Langeweile, der Wunsch nach Unterhaltung. Die Angst des Kindes vor der Dunkelheit.

ANMERKUNGEN

»Ein Restaurant irgendwo anders« verdankt sich zu Teilen dem Werk von William T. Vollmann. Der Abschnitt »HWI« bedient sich eines Satzes aus seinen *Huren für Gloria*. Den Titel des Abschnitts »Ich führe nicht das richtige Leben« habe ich aus William H. Gass' Shortstory »We Have Not Lived the Right Life« übernommen, zuerst erschienen in der *New American Review* (1969).

Den Satz »Ablenkung von Traurigkeit ist nicht dasselbe wie Glück« habe ich in einem anonymen Post aus den frühen 2010ern entdeckt.

»Suchmaschinenoptimierung« enthält eine Beobachtung (re: Briefkästen), die Mark Fisher 2011 in seinem Vortrag »No Time« auf der Virtual-Futures-Konferenz erläutert hat.

DANKSAGUNG

Ich danke Tracy Bohan und Alex Bowler für ihren Einsatz dabei, dieses Buch zu verwirklichen.

Außerdem danke ich den Herausgeber*innen von *The Stinging Fly* und *Granta*, denen meine Arbeit schon früh aufgefallen ist.

Zusätzlich danke ich Eric Chinski, und schließlich auch A. C. und A. E. für ihre Ermutigung.

»Ich habe zehn Jahre lang darauf gewartet, dass jemand dieses Buch schreibt.«

Friedemann Karig

Anna und Tom ziehen ins pulsierende Berlin, in der Hoffnung, hier die ersehnte Freiheit zu finden. Ihr Traumleben ist das einer ganzen Generation: eine helle Wohnung voller Pflanzen, eine Leidenschaft für internationales Essen und progressive Politik, eine Beziehung, die offen ist für sexuelle Experimente. Anna und Tom sind ein Paar, sie sind glücklich ... solange ihr Leben dem Bild entspricht, das sie imaginiert haben, solange sie sich vergleichen können mit denen, die in der Heimat geblieben sind. Doch jenseits dieses Bildes wächst eine taube Unzufriedenheit, sie fühlen sich gefangen, sind erneut auf der Suche. Gibt es ihn, den besseren Ort, authentisch und einladend?

Vincenzo Latronico
Die Perfektionen
Roman

Aus dem Italienischen von Verena von Koskull
Hardcover mit Schutzumschlag
Auch als E-Book erhältlich
www.ullstein.de

claassen

»Herzzerreißend schön erzählt.«

The New York Times

Eine Frau zieht durch eine Hafenstadt, deren Infrastruktur zusammen-
gebrochen ist. Wie fremdgesteuert pendelt sie zwischen ihrer isoliert le-
benden Mutter, dem erkrankten Ex-Mann und einem Kind, das nicht
ihres ist und für das sie doch Zärtlichkeit hegt. Sie bewegt sich aus
schlichter Notwendigkeit, und erst als die Stadt immer leerer wird, ihre
Bindungen gekappt sind, steht sie vor der Frage, was sie will.

Fernanda Trías
Rosa Schleim
Roman

Aus dem Spanischen von Petra Strien
Hardcover mit Schutzumschlag
Auch als E-Book erhältlich
www.ullstein.de

claassen